Outplacement
als Chance

Gudrun Bolduan / Isolde Debus

Outplacement als Chance

Mit dem Karrierecoach
zum beruflichen Neustart

*※ Eichborn.

Gudrun Bolduan, geboren 1967, war Leiterin der Abteilung Presse- und Öffentlichkeitsarbeit des Eichborn-Verlags und ist seit 2000 Geschäftsführerin des Büros für Berufsstrategie in Berlin. Im Eichborn Verlag erschien: *So finden Magister einen Job* (1998).

Isolde Debus, geboren 1970, leitet das Büro für Berufsstrategie in Frankfurt. Sie studierte Politologie in Marburg und beschäftigt sich bereits seit mehreren Jahren mit Berufs- und Karrierethemen.

Die Deutsche Bibliothek – CIP-Einheitsaufnahme

Bolduan, Gudrun:
Outplacement als Chance : mit dem Karrierecoach zum beruflichen Neustart / Gudrun Bolduan ; Isolde Debus. – Frankfurt am Main : Eichborn, 2001
ISBN 3-8218-3812-4

© Eichborn AG, Frankfurt am Main, Januar 2002
Umschlaggestaltung: Christina Hucke
Lektorat: Ann-Kathrin Schwarz
Gesamtherstellung: Fuldaer Verlagsagentur, Fulda
ISBN 3-8218-3812-4

Verlagsverzeichnis schickt gern:
Eichborn Verlag, Kaiserstraße 66, D-60329 Frankfurt am Main
www.eichborn.de

Inhaltsverzeichnis

Einleitung – an wen sich dieses Buch richtet

Kündigungen gehören zum Berufsleben, aber noch nie war das Kündigungsrisiko so hoch wie heute. In einer dynamischen Wirtschaft steht potenziell fast jeder Arbeitsplatz zur Disposition.

Ist Ihr Arbeitsplatz noch sicher? Dann tun Sie gut daran, sich rechtzeitig für den Tag X zu präparieren. Droht Ihnen die Kündigung oder ist sie schon ausgesprochen? Dann sollten Sie erst recht wissen, wie Sie aus der Krise eine Chance machen können.

Sich über seine Rechte informieren, Bewerbungsratgeber zu Hilfe nehmen und auf eigene Faust einen Neustart ins Berufsleben hinlegen – schön und gut. Aber es geht auch leichter und sicherer – mit Hilfe einer professionellen Outplacement-Beratung.

Hier erfahren Sie alles Wissenswerte über diese im deutschsprachigen Raum noch vergleichsweise selten genutzte Dienstleistung: welchen Nutzen Sie daraus ziehen können und warum Ihr alter Arbeitgeber in der Regel die Beratung finanziert, in welchen Schritten die Beratung abläuft und durch welche Einzelleistungen Sie beim Arbeitsplatzwechsel unterstützt werden. Typische Fallbeispiele aus der Beratungspraxis runden das Bild ab.

Der Einfachheit halber taucht im Text in der Regel nur der Berater und der Klient/Gekündigte etc. auf – Frauen, die auf beiden Seiten tatsächlich noch in der Minderheit sind, sollten sich gleichermaßen gemeint fühlen.

Für Kollegen und Akteure einer zukunftsorientierten Personalwirtschaft liefert das Werk eine kompakte und übersichtliche Einführung in ein neues Arbeitsfeld der Unternehmensberatung, dem im Gegensatz zu vielen modischen Eintagsfliegen ein nachhaltiger Trend zugrunde liegt. Wer einen ganzheitlichen Ansatz in der Unternehmensführung verfolgt, kommt auf Dauer einfach nicht umhin,

Trennungsmanagement mit der gleichen Sorgfalt zu betreiben wie die Einstellung neuer Mitarbeiter. Daher haben wir allen Grund zum Optimismus: Die Zukunft des Outplacements als Instrument der Personalführung hat gerade erst begonnen.

1. Outplacement – ein neuer Trend setzt sich durch

Outplacement – was ist das?

»Outplacement – ist das so etwas wie Outsourcing?« Wem dieser leicht sperrige Begriff zum ersten Mal zu Ohren kommt, der liegt mit dieser Frage nicht ganz falsch. Outplacement – die englische Umschreibung für betriebsbedingte Kündigungen – ist in etlichen Fällen tatsächlich die unmittelbare Folge des Outsourcings, der Auslagerung von Tätigkeiten an Hersteller und Dienstleister außerhalb des Unternehmens. Weitere Auslöser für Outplacement sind: Doppelbesetzungen von Stellen bei Fusionen, Rationalisierungsmaßnahmen und persönliche Gründe, etwa Machtkämpfe mit dem Vorgesetzten.

Im Sprachgebrauch der Personalwirtschaft steht Outplacement zugleich für eine Beratungsleistung: Arbeitnehmer, die von Kündigungen betroffen sind, erhalten als freiwillige soziale Leistung des Unternehmens professionelles Karrierecoaching für ihren weiteren beruflichen Lebensweg. Sie lernen auf diese Weise, die Kündigung zu bewältigen, ihre Potenziale zu erkennen und marktgerecht anzubieten.

Als Gegenstück zum Headhunting, das Unternehmen bei der Suche nach bestimmten Bewerberprofilen hilft, unterstützt die Outplacement-Beratung Arbeitnehmer bei der Suche nach dem eigenen Profil und dazu passenden Tätigkeitsfeldern. Outplacement-Beratungen fördern in erster Linie die *employability* – alles, was einen Arbeitnehmer beschäftigungsfähig macht –, aber in Einzelfällen, wenn das persönliche Profil es nahe legt, auch den Schritt in die Selbständigkeit.

11

Bis heute sind es vor allem gehobene Führungskräfte, die auf Kosten des alten Arbeitgebers die Dienste von Outplacement-Beratern in Anspruch nehmen, um ihre Kündigung leichter zu bewältigen und durch verbessertes Eigenmarketing schneller eine angemessene neue Beschäftigung zu finden.

Im Zuge umfangreicher Restrukturierungsmaßnahmen in der Wirtschaft kommen aber auch zunehmend Arbeitnehmer der mittleren und unteren Unternehmenshierarchie in den Genuss von Outplacement-Beratungen. Ein wesentlicher Grund für diesen Trend liegt in dem Doppelnutzen der Outplacement-Beratung: Nicht nur der Arbeitnehmer profitiert, sondern auch das Unternehmen: Die Hintergründe der einzelnen Positionskrise werden mit der Hilfe eines neutralen Beraters geklärt. Das Unternehmen kann Trennungen auf diese Weise einvernehmlicher gestalten und damit auch für die Zukunft geschäftliche Beziehungen zum ehemaligen Mitarbeiter ermöglichen, sich für eine oft jahrzehntelange Loyalität der Arbeitnehmer erkenntlich zeigen und größere Unruhe unter den verbleibenden Mitarbeitern verhindern. Outplacement bildet eine konstruktive Alternative zu altbekannten, oft willkürlich angewandten Freisetzungsstrategien wie »Rausschmiss« durch Kündigung, Versetzung aufs Abstellgleis (»Frühstücksdirektor«), Verlagerung von Entscheidungskompetenzen (»Kaltstellen«), Provokation der arbeitnehmerseitigen Kündigung (»Mobbing«) oder dem einvernehmlichen Aufhebungsvertrag. Durch Einsatz von Outplacement bekennt sich ein Unternehmen offen zu seiner sozialen Verantwortung und kann unerwünschte Nebeneffekte von Kündigungen (z.B. Imageschaden) weitgehend ausschalten.

Zur Geschichte der Outplacement-Idee

Die historischen Wurzeln des Outplacement-Konzepts liegen in Beratungsmaßnahmen, mit deren Hilfe Soldaten der US-Armee nach dem Zweiten Weltkrieg wieder ins zivile Leben eingegliedert werden sollten. An diesem Vorbild orientierte sich dann in den 60er Jahren der amerikanische Ölkonzern Exxon (damals unter »Standard Oil« bekannt), um Restrukturierungsmaßnahmen im Unternehmen sozialverträglich abzufedern.

Initiator der ersten privaten Outplacement-Firma war Tom Hubbard, der 1969 überraschend seinen hoch dotierten Posten als Direktionspräsident verlor und daraufhin die erste Beraterfirma für ähnliche Fälle (»THinc«) gründete. Ab den 70er Jahren etablierte sich Outplacement-Beratung in den USA als fester Bestandteil betrieblicher Personalarbeit, die bis 1984 dort von mehr als 100.000 Führungskräften in Anspruch genommen wurde. Laut einer Umfrage unter 250 Managern, die 1986 von dem Wirtschaftsmagazin »Fortune« durchgeführt wurde, fanden mehr als die Hälfte der Beratenen einen neuen, überwiegend besser bezahlten Job.

Seitdem wächst das Beratungssegment des Outplacements stetig mit jährlichen Zuwachsraten von 20 bis 30 Prozent. In der ersten Hälfte der neunziger Jahre, als Entlassungsankündigungen bei Großfirmen regelmäßig die Aktienkurse in die Höhe trieben, gab es einen kleinen Geschäftseinbruch – Outplacement als Beratungsleistung war plötzlich »out«. Arbeitsplätze galten vor allem als Kostenstellen, die es im Zuge des *lean managements* zu beseitigen galt. Doch mittlerweile hat sich gezeigt, dass ohne gewachsene Kompetenzstrukturen kein nachhaltiger Unternehmenserfolg möglich ist. Die *human resources*, sprich: die Mitarbeiter mit all ihrem Know-how, stehen wieder ganz oben auf der Werteskala, zumal sich in bestimmten Branchen ein Mangel an qualifizierten Kräften abzeichnet. So wirkt der langfristige Trend zur Outplacement-Beratung ungebrochen fort.

Outplacement als Globalisierungsfolge

Die Globalisierung, der durch den Euro gewachsene Wettbewerb in Europa und Veränderungen der Wertschöpfungsketten durch technologische Entwicklungen werden auch in Zukunft den Rationalisierungsdruck weiter verschärfen. Oft ziehen bei Rationalisierungsmaßnahmen Festangestellte gegenüber der Möglichkeit, ganze Unternehmensbereiche outzusourcen, den Kürzeren. Spezialisierte Dienstleister können schlanker organisieren bzw. Effizienzgewinne erzielen, indem sie verschiedenen Betrieben dieselbe standardisierte Dienstleistung anbieten, die dann mit weniger Personal oder nur mit Aushilfskräften erbracht wird. Beginnend bei einfachen Dienstleistungen wie Gebäudereinigung und Kantinenbewirtschaftung hat das Outsourcing mittlerweile qualifizierte Tätigkeiten wie Callcenter-Aktivitäten, Buchhaltung sowie Programm- und Datenbankentwicklung erreicht. Etliche *global players* wie zum Beispiel Nike sind zu reinen Marketingfirmen geworden, die sich sogar des gesamten Bereichs der Produktion per Outsourcing entledigt haben.

Dabei zählt nicht allein die direkte Kosteneinsparung. Ganz wesentlich ist auch der Vorteil, dass künftig nur Kosten für konkrete Leistungen anfallen. Das Risiko wechselhafter Auftragslage wird so an den Externen delegiert. Gleichzeitig wächst die Qualität der eingekauften Leistung – denn die Fremdfirmen sind ihrerseits in der Regel starker Konkurrenz ausgesetzt.

Vermehrte Abhängigkeit von fremden Dienstleistern bedeutet für die Unternehmen jedoch zugleich ein erhöhtes Interesse an der

Loyalität ihrer verbliebenen Festangestellten, den so genannten »Survivors«. Sie wahren schließlich die betrieblichen Interessen gegenüber den »Fremden« und repräsentieren die Kontinuität des Unternehmens. Daraus erwächst eine zunehmend größere Bereitschaft des Managements, in das reduzierte Personal und die Arbeitsatmosphäre in Unternehmen zu investieren.

Die Globalisierung bringt es auch mit sich, dass die Unternehmen auf einer neuen Ebene miteinander konkurrieren. Waren es in der Vergangenheit vor allem Investitionen in technische Innovation, die die Marktposition bestimmten, spielt heutzutage die Fähigkeit zur sozialen Innovation eine immer größere Rolle im Wettbewerb. Ebenso wie dem einzelnen Mitarbeiter soziale Kompetenz abverlangt wird, um auf dem Arbeitsmarkt vor Kunden und Kollegen zu bestehen, müssen auch Unternehmen soziale Kompetenz entwickeln, um sich in schnell drehenden Märkten adäquat zu bewegen. Qualifiziertes Trennungsmanagement durch spezialisierte Outplacement-Dienstleister wird auch aus dieser Perspektive immer mehr zum unternehmerischen Muss. Das Problem für Unternehmen ist daher nicht so sehr, ob sie sich diese zusätzliche Sozialmaßnahme leisten können. Die Frage lautet vielmehr, ob sie sich den Verzicht darauf leisten können.

Zur Situation des Outplacements in Deutschland

»Hier in Deutschland stecken wir vergleichsweise noch in den Kinderschuhen. In den angelsächsischen Ländern wird diese Dienstleistung schon als selbstverständlicher Service begriffen«, erklärt Herbert Mühlenhoff, der Vorsitzende der Fachgruppe Outplacement-Beratung im Bundesverband der Unternehmensberater (BDU), in einem Interview der »FAZ« im Dezember 2000. Unter-

nehmenswechsel seien dort aufgrund der lockeren arbeitsrechtlichen Bestimmungen häufiger und würden auch deutlich schneller abgewickelt als hierzulande.

So bewirkt die typische deutsche Skepsis gegenüber Coaching
und Beratung, dass weltweit operierende deutsche Firmen Outplacement-Beratungen im Ausland als völlig selbstverständliches
Instrument nutzen, aber innerhalb Deutschlands ihren scheiden-
den Belegschaften vergleichsweise spärlich anbieten. Andererseits
wundern sich weltweit operierende ausländische Firmen, die Outplacement international als integralen Bestandteil der Personalpo-
litik einsetzen, über die für sie unverständlichen Akzeptanzhürden
in Deutschland.

Hierzulande existiert die Outplacement-Beratung seit fast 20
Jahren hauptsächlich in Marktnischen. Sogar im Vergleich zur
wesentlich kleineren Schweiz, in der diese Dienstleistung relativ
bekannt ist, sind Angebot und Nachfrage in Deutschland unter-
entwickelt. Trotz verschiedener Eindeutschungsversuche (Neupositionierung, Positionswechsel, Sanfte Trennung, etc.) setzte
sich in der deutschen Beraterszene die etwas sperrige angelsäch-
sische Bezeichnung durch, teilweise aus Marketinggründen mo-
difiziert als »Bestplacement«, »Newplacement« oder »Replace-
ment«.

Nach einer Studie des BDU zur Situation des Outplacements in
Deutschland (1999/2000) sind hierzulande allein rund 30 Gesell-
schaften ausschließlich auf Outplacement spezialisiert. Im Jahre
2000 setzten sie ca. 60 Millionen DM um – ein Fünftel mehr als
1999. Vor allem größere Unternehmen mit mehr als 500 Mitarbeitern führten Outplacement-Maßnahmen durch. Nachfrage nach
dieser Dienstleistung besteht vor allem bei Unternehmen aus der
Metall-, Elektro- und Maschinenbaubranche (42 Prozent), danach
folgten das Kredit- und Versicherungsgewerbe (16 Prozent) sowie
Handel und Handwerk (9 Prozent). Insgesamt nahmen rund 1.250

ausscheidende Führungskräfte an einer Einzelberatung und 11.500 Kandidaten an einer Gruppenberatung teil.

Mit etwa 34 Prozent ist die Altersgruppe der 35- bis 44-Jährigen im Einzel-Outplacement am häufigsten vertreten. In diesem Altersabschnitt finden bei mittleren und höheren Führungskräften auch die häufigsten Jobwechsel statt. Der Anteil der über 50-Jährigen in diesem Segment beträgt 24 Prozent.

Bei 45 Prozent der Kunden liegt das Gehalt unter 75.000 Euro, zwei Fünftel verdienten zwischen 75.000 und 125.000 Euro. Die Gruppe der Manager mit einem Jahreseinkommen von mehr als 250.000 Euro ist mit 4 Prozent vertreten. Meistens bekommen die hochkarätigen Führungskräfte als *golden handshake* eine großzügige Abfindung. Beratungen erübrigen sich in der Regel, weil sie aufgrund ihres Bekanntheitsgrades von selbst neue Positionen angeboten bekommen.

So betreuten und unterstützten die Berater der Firma v. Rundstedt & Partner 1999 etwa 750 Kandidaten bei ihrer beruflichen Neuorientierung. 250 Kandidaten wurden in unbefristeten Einzelprogrammen beraten; von diesen hatten 95 Prozent innerhalb eines Jahres ein neues Betätigungsfeld gefunden. Über 71 Prozent dieser einzelbetreuten Kandidaten konnten bereits in den ersten sechs Monaten der Beratung in ein neues Beschäftigungsverhältnis wechseln. Der typische Kandidat wurde dabei fünf Monate lang betreut und wechselte in eine Neuanstellung mit höherem Gehalt, als er zuvor bezog.

Bei Mühlenhoff & Partner, einem weiteren führenden Unternehmen im Bereich Outplacement, lag die Erfolgsquote ähnlich hoch: Fast zwei Drittel der Klienten konnten zwischen mehreren Vertragsangeboten auswählen und fanden ihre Zielposition, etwa 15 Prozent mussten Kompromisse machen, wobei dennoch in der Regel ein nahtloser Übergang in das nächste Arbeitsverhältnis realisiert wurde und nur 2 Prozent waren zwölf Monate nach Beginn der Outplacement-Maßnahme noch immer ohne neue Position.

Laut einer BDU-Studie liegt die Erfolgsquote beim Arbeitsplatz-wechsel bei beeindruckenden 96 Prozent. Trotz dieser unüberseh-baren Erfolge gibt es in Deutschland noch immer Berührungsängs-te gegenüber professionellem Coaching. Zwar sind bei Top-Sport-lern Höchstleistungen ohne professionelles Coaching kaum denkbar, doch bei Führungspersönlichkeiten der Wirtschaft ist die Inanspruchnahme von Coaching-Dienstleistungen noch immer selten, denn sie widerspricht mehr oder weniger bewussten Rollen-erwartungen, die Manager an sich selbst stellen oder denen sie sich ausgesetzt glauben. Das Annehmen von Hilfe gilt als Eingeständnis eigenen Versagens – und damit gerät Coaching in den Ruch von Therapie. In der werblichen Außendarstellung von Outplacement-Beraterfirmen führt diese typisch deutsche Schwierigkeit dann zu gezielten Aussagen wie »der Coach ohne Couch«.

Ein weiteres Hemmnis für die Ausbreitung von Outplacement-Leistungen sieht der Verband BDU in der steuerlichen Regelung, wonach hierzulande der gekündigte Arbeitnehmer einen Teil die-ses vom ehemaligen Arbeitgeber bezahlten Beraterhonorars als geldwerten Vorteil versteuern muss. Wie international üblich, soll-ten laut BDU stattdessen die Beratungskosten als Betriebsaufwand angesehen werden, da die Betreuung ausscheidender Mitarbeiter vor allem im Interesse des Unternehmens liege.

Jedoch stimmen die Steigerungsraten der Branche zuversicht-lich, dass sich auch hierzulande die Outplacement-Beratung vom halb verschämt genossenen Privileg zum selbstverständlichen Unternehmensservice am Arbeitnehmer entwickelt.

Wie Sie als Arbeitnehmer profitieren

Outplacement-Berater unterstützen Sie darin, bei einer Kündigung das Gesetz des Handelns so weit wie möglich wieder in die Hand zu bekommen und einen neuen Arbeitsplatz zu finden, der Ihren Fähigkeiten und Wünschen optimal entspricht. Daraus ergibt sich eine Vielfalt von Vorteilen, die je nach individuellem Bedarf in Anspruch genommen werden können:

> Die emotionale Verunsicherung durch den Verlust des Arbeitsplatzes wird aufgefangen – das nimmt der Situation die Dramatik und macht den Kopf frei für aktives Handeln.
> Allein die regelmäßige Beschäftigung im Rahmen der Beratung gibt Ihnen Halt und hält Sie davon ab, den Schock einer Kündigung womöglich erst einmal zu verdrängen.
> Die Gründe für die Kündigung werden aufgearbeitet – denn Klarheit über die Trennungsgründe ist eine elementare Voraussetzung für eine erfolgreiche Neubewerbung.
> Das angekratzte Selbstbewusstsein wird wieder aufgebaut; nur so können Sie die nötige Motivation für den Neubeginn entwickeln.
> Die Analyse von Stärken und Schwächen erzeugt ein realistisches Selbstbild.
> Neue oder verschüttete Fähigkeiten und Potenziale werden aktiviert.
> Neue Berufsziele können gefunden und präzisiert werden.
> Ihre Bewerbungsunterlagen werden optimiert.
> Ihre Fähigkeiten in Bezug auf geschicktes Selbstmarketing werden geschult.
> Zur Vorbereitung auf Vorstellungsgespräche erhalten Sie Präsentationstraining (z.T. mit Hilfe von Video-Analysen).
> Sie erhalten bei Bedarf auch logistische Unterstützung (Zugriff

auf Internet und Datenbanken des beratenden Outplacement-Unternehmens, unter Umständen als Übergangslösung auch einen eigenen Schreibtisch).

> Die Kontakte des Outplacement-Unternehmens können für die Bewerbung genutzt werden.
> Insgesamt verkürzt sich die Suche nach einem neuen Arbeitsplatz.
> Wenn Sie eine neue Stelle gefunden haben, hilft begleitendes Coaching während der Probezeit, die Strukturen im neuen Unternehmen richtig einzuschätzen und emotionale Sicherheit zu gewinnen.

Nach einer systematischen Umfrage, die das Büro für Berufsstrategie zwischen 1999 und 2001 unter seinen Outplacement-Klienten nach Abschluss der Beratung durchführte, wurde in 67 Prozent der Fälle die Outplacement-Beratung vom Arbeitgeber initiiert, bei 33 Prozent stammte die Initiative von den betroffenen Arbeitnehmern. Als Motive für die Inanspruchnahme der Beratung wurden angegeben (Mehrfachnennungen waren möglich):

> Angst vor drohender Arbeitslosigkeit (88 Prozent);
> Wunsch nach professioneller Unterstützung bei der Bewerbung (81 Prozent);
> Wunsch nach motivierendem Beistand in der persönlich belastenden Situation (74 Prozent);
> Hoffnung, mit dem unabwendbaren Wechsel einen Karrieresprung zu schaffen (46 Prozent);
> Aufarbeitung der Fehler der Vergangenheit und persönliche Weiterentwicklung (43 Prozent).

Auf die Frage, was nach eigener Einschätzung zu Beginn des Outplacements das größte Hindernis für eine erfolgreiche Bewerbung war, nannten 77 Prozent der Klienten ihre Frustration bzw. mangelnde Motivation und 68 Prozent die fehlende Kenntnis der heutigen Bewerbungspraxis. Unabhängig von der Selbsteinschätzung der Klienten hielten die Berater des Büros für Berufsstrategie neben mangelnder Kenntnis gängiger Bewerbungspraktiken die unprofessionelle Selbstdarstellung für ebenso entscheidend.

Als wichtigste der in Anspruch genommenen Leistungen schätzten rückblickend 88 Prozent den Beistand in der persönlich schwierigen Situation ein, 79 Prozent die Erarbeitung einer persönlichen Bewerbungsstrategie, 71 Prozent die Potenzialanalyse zur Gewinnung von Klarheit über die zukünftige berufliche Richtung und 65 Prozent die Verbesserung der Fähigkeit zur positiven Selbstdarstellung.

Outplacement-Beratung – auch zum Vorteil der Unternehmen

Der Erfolg eines Unternehmens misst sich an seinen Mitarbeitern. Wie das Unternehmen mit ihnen umgeht, ist Ausdruck der gelebten Unternehmenskultur. Das betrifft gleichermaßen angemessene Entlohnung, faire Sozialleistungen, gewährte Fortbildungs- und Aufstiegsmöglichkeiten, Motivations- und Kreativitätsförderung wie auch die immer wiederkehrende Situation der Trennung.

Outplacement-Maßnahmen ermöglichen einvernehmliche und sozial verträgliche Trennungen von Mitarbeitern, die zur Verwirklichung der sozialen wie auch ökonomischen Ziele des Unternehmens notwendig erscheinen. Ein amerikanischer Spruch bringt den Gedanken der fairen Trennung auf den Punkt: *Termination should end the job, not the man.* (Die Entlassung soll die Beschäftigung, aber nicht die Existenz beenden.)

Die Palette möglicher arbeitgeberseitiger Motive zur Inanspruchnahme von Outplacement-Diensten ist daher groß:

> Das Unternehmen stellt sich seiner sozialen Verantwortung. Outplacement-Beratungen sind insofern lebendiger Ausdruck gängiger Firmenphilosophie, wonach die Mitarbeiter die wertvollste Ressource des Unternehmens sind.
> Das Unternehmen schützt sein Image nach innen und außen durch Glaubwürdigkeit; negative Publicity bei Massenentlassungen kann vermieden bzw. abgeschwächt werden.
> Die Motivation der verbliebenen Mitarbeiter steigt, da das Unternehmen ein positives Signal setzt: Ihre Loyalität wird belohnt, ihrem Sicherheitsbedürfnis wird Rechnung getragen. Das verbessert die innerbetriebliche Arbeitsatmosphäre.
> Die Aufarbeitung der Trennungsgeschichte kann als Möglichkeit zur Schwachstellenanalyse genutzt werden: Wo setzte die Entwicklung ein, die letztendlich Entlassungen notwendig machte? Hätten diese bei früherem Eingreifen vermieden werden können?
> Langwierige und kostspielige Rechtsstreitigkeiten vor dem Arbeitsgericht können vermieden werden.
> Trennungsgespräche sind für die entlassenden Führungskräfte leichter zu führen, wenn dem scheidenden Mitarbeiter Perspektiven aufgezeigt werden können. Der psychische Druck beim »Entlasser« nimmt ab. Manche Outplacement-Berater übernehmen die Durchführung der Trennungsgespräche.
> Wenn es zum erfolgreichen Arbeitsplatzwechsel kommt, verkürzen sich die Restlaufzeiten von Verträgen. Für den ehemaligen Arbeitgeber bedeutet das Einsparungen bei den Personalkosten.
> Das Angebot einer Outplacement-Finanzierung lässt die Wahrscheinlichkeit einer einvernehmlichen Trennung steigen, dadurch können sich Abfindungssummen reduzieren.
> Oft werden unerwünschte Mitarbeiter auf Abstellgleise gescho-

ben, weil man seitens der Unternehmensführung das Problem nicht grundsätzlich anrühren will. Die Folge sind Unproduktivität und schwelende Unzufriedenheit beim Arbeitnehmer. Hier hilft die Outplacement-Beratung, Scheinlösungen zu erkennen und durch echte Lösungen zu ersetzen.

> Organisatorische und personelle Veränderungen lassen sich schneller realisieren.
> Verhandlungen mit dem Betriebsrat gestalten sich leichter.
> Bei Neueinstellungen erhöht die in Aussicht gestellte Sozialleistung »Outplacement« die Attraktivität des Arbeitsplatzes.
> In bestimmten Fällen, etwa bei der Einrichtung von Bewerberzentralen, wird die Outplacement-Beratung zusätzlich durch das jeweilige Landesarbeitsamt finanziell gefördert.

Was passieren kann, wenn ein Unternehmen beim Trennungsmanagement gravierende Fehler macht, belegen zahlreiche Untersuchungen der letzten zehn Jahre in den USA und Großbritannien. Strittige Kündigungen können demnach verheerende Signalwirkungen auf das innerbetriebliche Arbeitsklima des entlassenden Unternehmens haben – insbesondere, wenn es sich um größere Restrukturierungsmaßnahmen handelt. Die verbleibenden Mitarbeiter reagieren mit Motivationsverlust und geringerer Arbeitsleistung bis hin zu innerer Kündigung.

Schon die bloße Ankündigung drohenden Personalabbaus erschüttert das Sicherheitsgefühl und beeinträchtigt damit die Arbeitsleistungen. In einer weiteren Studie machte Deloitte Consulting folgende einfache Rechnung auf: Angenommen, in einem Unternehmen arbeiten 300 Mitarbeiter, die aufgrund ihrer Verunsicherung täglich etwa eine Stunde über die Zukunft des Unternehmens – und damit ihre eigene – sprechen oder spekulieren. Allein dieser Austausch am Arbeitsplatz mit anderen, ebenso verunsicherten Mitarbeitern führt insgesamt zu etwa 300 Stunden Produktivitätsverlust pro Tag – das bedeutet 6.000 Stunden Produktivitätsverlust pro Monat. Ausgehend von einem durchschnittlichen Kostensatz von 40 Euro je Stunde produktiver Arbeit summiert sich der Verlust mithin auf monatlich 240.000 Euro. Unberücksichtigt bleiben bei dieser groben Kostenschätzung die vermutlich verschlechterte Arbeitsleistung sowie vernachlässigte Kundenbeziehungen, verpasste Termine, zusätzliche Verluste durch Eigenkündigungen qualifizierter Leistungsträger etc.

Bei aller offiziell verkündeten Wertschätzung für die Mitarbeiter (das so genannte Humankapital) zeigt die Praxis oft, dass der einzelne Arbeitnehmer als Kostenstelle gesehen wird, die es zu reduzieren gilt. Eine Schweizer Untersuchung von mehr als 1.000 umstrukturierten amerikanischen Unternehmen (S. Berner, Sankt Gallen 1999) belegt jedoch, dass aufgrund von unerwünschten Nebeneffekten nicht einmal 50 Prozent der Unternehmen die geplante Kostenreduktion durch Abbau der Belegschaft realisieren konnten.

Häufig kommt es infolge der Kündigungen zu einer Negativspirale: Verbleibende Mitarbeiter sind zwar zunächst erleichtert, nicht selbst von der Entlassung betroffen zu sein; zunehmend wachsen jedoch Ängste vor längeren Arbeitszeiten, stärkerem Arbeitsdruck oder ausbleibender Beförderung. Rasch stellt sich zusätzlich die Sorge ein, in der nächsten Entlassungsrunde selbst Opfer des Personalabbaus zu werden. Aus diesen Gründen kann in der Belegschaft die Bereitschaft zum rechtzeitigen, selbst initiierten Arbeitgeberwechsel rapide ansteigen. Oft verlassen die produktiven und hoch qualifizierten Mitarbeiter als Erste das Unternehmen, denn ihre ohnehin guten Chancen auf dem Arbeitsmarkt können sie durch rechtzeitige aktive Kündigung nur verbessern. Und das bewirkt für das Unternehmen einen Verlust an Qualifikation, der den Abwärtstrend weiter beschleunigt.

Vielfach wird auch unterschätzt, wie stark die mentale Bindung der Mitarbeiter an ihr Unternehmen die Arbeitsleistung beeinflusst. Eine Vielzahl von Faktoren bestimmt diese tiefere Bindung – Zugehörigkeitsgefühl, Identifikation, Wertesystem, Orientierung, Sinngebung. Deloitte Consulting wies in einer Untersuchung zur Unternehmenskultur nach, dass 93 Prozent der befragten Arbeitnehmer die positive Gestaltung der Unternehmenskultur als eine wesentliche Voraussetzung für den Unternehmenserfolg einschätzt.

Zur Vermeidung unnötiger Irritationen bei der Belegschaft ist der Beginn einer Outplacement-Beratung entscheidend. Um eine optimale psychologische Wirkung zu entfalten, sollte das Beratungsunternehmen bereits einbezogen werden, bevor erste Trennungsgerüchte oder gar definitive Trennungsabsichten bekannt werden. Oft können geschulte Berater von Outplacement-Firmen anstehende Trennungsprozesse innerhalb des Unternehmens psychologisch besser begleiten als die zuständigen Personalabteilungen. Nach Schätzungen laufen 80 Prozent aller Trennungsgespräche schlecht. Personalchefs sind zwar bestens für Einstellungs- und Fördergespräche geschult, haben aber in der Regel Schwierigkeiten mit Kritik- und Trennungsgesprächen, denn oft fehlt ihnen dazu die emotionale Kompetenz. Häufig wird bei Trennungsgesprächen die Trennungsabsicht nicht klar benannt, werden die Trennungsgründe nur angedeutet oder zerredet. Weitere Fehler sind unter anderem: eindeutige Schuldzuweisungen gegenüber den Betroffenen, Bagatellisieren der Entscheidungstragweite (»Sie werden schon wieder was finden!«), unklare Verantwortung für die Trennungsentscheidung (»Im Unternehmen ist die Entscheidung gefallen ...«), Drängen auf sofortige Einigung. Oft wird die Personalakte vor dem Gespräch nicht einmal eingesehen – mitunter auch deshalb, weil sie schlampig geführt wurde. Auf diese Weise erleiden gekündigte Mitarbeiter unnötige seelische Verletzungen und geraten oft unnötigerweise in eine Selbstwertkrise, die unter Umständen erst im Zuge einer späteren Beratung wieder überwunden wird.

Einzel- und Gruppen-Outplacement

Noch führen Outplacement-Berater in Deutschland hauptsächlich Einzelberatungen für entlassene Führungskräfte durch. Die Einzelberatungen finden stundenweise in den Räumen des Outplacement-Unternehmens als Gespräch unter vier Augen statt; bei bestimmten Arbeitsschritten kommen auch technische Hilfsmittel (z.B. Videokamera) zum Einsatz.

Für das **Einzel-Outplacement** gibt es grundsätzlich drei Wege der Auftragserteilung (Informationen zu den Kosten finden Sie im letzten Kapitel):

> Das entlassende Unternehmen wählt den Outplacement-Anbieter aus und erteilt einen Beratungsauftrag für eine bestimmte Führungskraft. Es wird ein Festbetrag und/oder ein Prozentsatz des Jahreseinkommens für ein Leistungspaket bezahlt, mit jeweiligen Einzelposten wie Potenzialanalyse, Bewerbungstraining etc. Je nach Vertrag mit der Beratungsfirma sind die weiteren Bewerbungskosten (z.B. Anzeigenschaltungen) darin enthalten oder gehen zu Lasten des Entlassenen. Der Nachteil bei dieser Lösung: Für die Betroffenen kann sich die Vertrauensfrage stellen – etwa wenn die Beratungsfirma, die das Outplacement durchführt, zugleich mit dem Führungskräfte-Audit beauftragt war, das die Entscheidungsgrundlage für die Entlassung bildete.

> Das Unternehmen stellt der gekündigten Person ein bestimmtes Budget für eine Outplacement-Beratung zur Verfügung. Die Führungskraft bzw. der Gekündigte wählt sich einen Anbieter seines Vertrauens aus und bestreitet aus diesem Budget die Beratungs- und alle weiteren Bewerbungskosten. Bei diesem Weg wird vorab der Beratungsbedarf ermittelt und die Be-

ratungsleistung entweder pauschal als Gesamtpaket oder nach Zeitaufwand abgerechnet.

> Der Gekündigte sucht sich den Outplacement-Anbieter auf eigene Faust und bezahlt die Beratung aus eigener Tasche. Bei dieser Variante hat der Betroffene den stärksten Einfluss auf Gestaltung und Umfang der Beratung. Es können sowohl Stundenpakete wie auch Einzelstunden gebucht werden.

Gruppen-Outplacements werden dagegen vor allem für Mitarbeiter der mittleren und unteren Unternehmenshierarchie angeboten. Sie werden vom Unternehmen in Auftrag gegeben und finden in der Regel in den Räumlichkeiten des Unternehmens statt. Die Gruppenberatung ist ein Angebot für Unternehmen, die sich innerhalb eines kurzen Zeitraums von einer großen Zahl von Mitarbeitern trennen müssen. Kern der Maßnahmen ist in diesem Fall in der Regel ein zwei- bis fünftägiges Seminar, das die Teilnehmer in Kleingruppen auf ihre neue Situation vorbereitet, kombiniert mit einem festen Stundenkontingent an Einzelberatung. In anderen Fällen werden so genannte Auffanggesellschaften gegründet, in denen die freigesetzten Mitarbeiter so lange betreut werden, bis sie eine neue Anstellung gefunden haben.

Im Gruppen-Outplacement entsprechen die Ziele im Wesentlichen denen des Einzel-Outplacements. Unterschiede zeigen sich vor allem bei der Tiefe der Bearbeitung (z.B. stehen eher sachliche Probleme als persönliche Konflikte im Vordergrund) einerseits und der Nutzung des Gruppenpotenzials andererseits. Voraussetzungen für sinnvolles Gruppen-Outplacement bilden die Homogenität der Gruppe, tatsächlich vorhandene Vermittlungschancen und eine einheitliche Suchstrategie. Die Seminarinhalte reichen von der Bewältigung der Trennungssituation über die Ermittlung von Fähigkeiten und Stärken und ein ausführliches Bewerbungstraining bis hin zur Einstellung auf das neue Umfeld durch einen Nachbetreuungsservice.

Daneben werden so genannte Bewerberzentralen aufgebaut, die in der Regel zwei bis drei Monate in Betrieb sind und eine begrenzte Anzahl von Beratungen pro Mitarbeiter bieten. Diese Bewerberzentralen werden vor Ort im Unternehmen oder in unmittelbarer Umgebung des Unternehmens eingerichtet, damit die betroffenen Mitarbeiter den Arbeitsplatz nur kurzfristig für die Beratung verlassen müssen. Auf Wunsch können auch eigene Mitarbeiter des Unternehmens ausgebildet werden, um dort administrative und organisatorische Tätigkeiten zu übernehmen. Nach eigenen Angaben glänzen z.B. die Bewerberzentralen der Outplacement-Berater v. Rundstedt & Partner mit Erfolgsquoten von 70–90 Prozent, abhängig von der Mitarbeiterstruktur und der Region.

2. Verschiedene Gründe, ein Ergebnis: Die Kündigung

Der Verlust des Arbeitsplatzes ist ein völlig alltäglicher Vorgang, der sehr unterschiedliche Ursachen haben kann. Vielfach hängen diese mit sich verändernden externen Faktoren (sozialpolitische Einwirkungen oder Marktbedingungen) zusammen, an die das Wirtschaftsunternehmen sich anpassen muss. Da die Einführung neuer Technologien das Tempo des Wandels beschleunigt, wird die arbeitgeberseitige Kündigung zunehmend selbstverständlicher. Für Arbeitnehmer bedeutet das: Erwerbsbiografien, die sich von der Lehre bis zur Rente bei einem einzigen Arbeitgeber abspielen, bleiben den Erzählungen früherer Generationen vorbehalten. Für die berufliche Stellung gilt heutzutage: Nichts ist beständiger als die Veränderung.

Anders als bei der Eigenkündigung, bei der der Arbeitnehmer – oft nach reiflicher Überlegung – sich aus freien Stücken aus einem belastenden oder wenig lukrativen Arbeitsumfeld befreit, ist die Kündigung durch den Arbeitgeber bis heute ein Tabuthema. Sie wird vom Gekündigten oft als beschämend wahrgenommen, selbst wenn offensichtlich betriebsbedingte Gründe die Ursache sind und die soziale Auswahl gewahrt wurde.

Doch auch hier zeichnet sich ein Wandel ab, da Positionswechsel in der Wirtschaft immer häufiger stattfinden und der Umgang damit immer selbstverständlicher wird.

Vielfältige Gründe können Ihren bisherigen Arbeitgeber bewegen, auf Ihre Mitarbeit künftig verzichten zu wollen. Aufgrund betriebsweiter Rationalisierungen mag es erforderlich sein, Ihre Abteilung zu verkleinern, auszulagern oder zu schließen. Im Rahmen einer Fusion sind Funktionen plötzlich mehrfach besetzt. Der neue Chef hält Sie als Assistenten der vormaligen Geschäftsleitung vielleicht für ein Überbleibsel der alten Firmenpolitik und möchte durch neue Führungskräfte zusätzliche Dynamik in die Firma bringen. Eventuell liegen die Kündigungsgründe auch in Ihrem persönlichen Verhalten, in Ihrer Arbeitsleistung oder sogar in Fehlern, die Ihnen fälschlicherweise angehängt werden.

Verbreitet ist noch immer der Irrtum, die fachliche Qualifikation allein bestimme über die Position; die Praxis zeigt, dass soziale und emotionale Intelligenz und die kommunikative Kompetenz viel eher den Ausschlag für den Platz innerhalb der Hackordnung geben. Je höher Sie auf der Karriereleiter steigen, desto argwöhnischer werden Sie womöglich von Neidern beobachtet und – wenn sich eine passende Gelegenheit bietet – zur Zielscheibe einer Intrige. Nach einer Studie der Cranfield School of Management (»The ›N‹Factor in Executive Survival«, Cranfield Press 1986) sind es nicht unbedingt die fachlich schlechtesten Mitarbeiter, die als Erste gekündigt werden, sondern jene, die sich am schlechtesten verkaufen können und am wenigsten taktieren können.

Arbeitgeberseitige Kündigungen sind seitens des Unternehmens als Lösung von Positionskrisen zu sehen, deren Ursachen in persönlichen Faktoren, zwischenmenschlichen Spannungen und organisatorischen Veränderungen liegen können. Welche Position Sie auch immer innehaben – latent ist die Möglichkeit einer Krise immer gegeben. Sogar Beförderungen können zum Auslöser einer Positionskrise werden – etwa wenn Sie den neuen Aufgaben nicht gewachsen sind oder dadurch in unmittelbaren Kontakt zu schwierigen oder auch unqualifizierten Vorgesetzten geraten, mit denen Sie zuvor nur aus der Ferne zu tun hatten. Wenn Sie befördert werden, kann es in Ihrem, aber auch im Interesse des Unternehmens liegen, sich prophylaktisch Unterstützung durch einen professionellen Karrierecoach zu gönnen, damit Sie für die neuen Anforderungen besser gerüstet sind.

Positionskrisen kündigen sich rechtzeitig an – nur müssen Sie die Warnsignale auch wahrnehmen, um schon im Vorfeld einer drohenden Kündigung entgegenzuwirken. (Eine ausführliche Checkliste »Frühwarnsystem für persönliche Positionskrisen« finden Sie bei Schulz et al.: »Outplacement«, siehe Literaturliste.) In einigen Unternehmen werden daher regelmäßige Mitarbeitergespräche durchgeführt, um Zielkonflikten zwischen Unternehmen und Mitarbeitern rechtzeitig auf die Spur zu kommen – denn Kündigungen sind für Unternehmen immer mit Zusatzkosten verbunden. Leider bildet ein solches systematisches Vorgehen noch die Ausnahme; meist wird von Seiten des Unternehmens erst gehandelt, wenn das Kind schon in den Brunnen gefallen ist.

Aber selbst wenn Ihr Arbeitgeber schon die Trennung anbahnt, ist es noch nicht zu spät, um das Ruder herumzureißen. Ein souveränes Umgehen mit den zugrunde liegenden Konflikten (z.B. durch offenes Ansprechen und Aufzeigen möglicher Lösungen) eröffnet Ihnen in der Umbruchsituation Chancen, entweder die Kündigung zu vermeiden oder den Start in ein neues Beschäftigungsverhältnis zu erleichtern.

Die ordentliche Kündigung

Wenn das Unternehmen Ihnen kündigt, kann es dafür verschiedene Ursachen geben. Im Allgemeinen unterscheidet man zwischen betriebsbedingter, personenbedingter und verhaltensbedingter Kündigung.

Die betriebsbedingte Kündigung

Ökonomische Zwänge sind ausschlaggebend für diesen Kündigungstyp. Immer häufiger fusionieren Unternehmen – um effizienter zu wirtschaften, Konkurrenten auszuschalten, Türen zu neuen Märkten zu öffnen oder um das Unternehmen vor einer unfreundlichen Übernahme zu schützen. Vielfach haben in diesem Fall die leitenden Kräfte des Übernahmekandidaten das Nachsehen, denn der stärkere Partner wird in der Regel mit seinem eingespielten Management das gesamte Unternehmen übernehmen wollen. Allerdings ist das nicht unbedingt ausgemacht.

Obwohl bei diesem Kündigungstyp Ihre persönliche Qualifikation keine Rolle zu spielen scheint, sollten Sie nicht zu früh die Flinte ins Korn werfen. Wer bleibt und wer geht, ist im Falle einer Reorganisation oft nicht von vornherein festgesetzt. Denn auch in einer Übernahmesituation zählen Wissen, Können und Engagement – und nicht allein die Herkunft aus einem Firmenteil.

Unter Umständen sind auch niedrigere Sozialleistungen und schlechtere betriebliche Altersvorsorge für einen Kandidaten ausschlaggebend, da sie die Arbeitsleistungen verbilligen. Womöglich ist das übernommene Unternehmen in Teilbereichen marktgerechter aufgestellt und effizienter strukturiert oder sein Management verfügt über wertvolle Marktzugänge und Kontakte. Auch eine zukunftsweisende Firmenkultur oder ein innovatives Firmenimage mit anerkannten Markennamen kann dem Management des kleineren Fusionspartners in Zukunft Möglichkeiten eröffnen, die es wert sind, mit aller Energie für den Verbleib im gemeinsamen Unternehmen zu kämpfen.

Oft werden im Zuge einer Fusion oder Übernahme so genannte Führungskräfte-Audits oder auch interne Assessment Center durchgeführt. Diese Testverfahren – in der Regel eine Kombination aus verschiedenen Intelligenz- und Psychotests sowie Interviews – sind dann die Grundlage für die Entscheidung, wer die doppelt besetzte Position behält und wer gehen muss. Wer seine Chance wahren will, im Unternehmen zu verbleiben, sollte sich gründlich auf ein solches Audit vorbereiten, denn ohne vorheriges Training ist die Wahrscheinlichkeit, im Stressinterview und bei der Selbstpräsentation zu überzeugen, leider nicht sehr groß. Verschiedene Karriereberatungsunternehmen bieten das individuelle Assessment-Center-Training bereits an.

Grundsätzlich sind bei einer Firmenübernahme die Chancen auf eine Gesprächsbereitschaft der Arbeitgeberseite gut. Ob Aufhebungsvereinbarung, Abfindung oder auch eine vom Arbeitgeber finanzierte Outplacement-Beratung – das Verhandlungsergebnis hängt sehr wesentlich von Ihrem Vorgehen ab.

Bei umfassenden Entlassungen in Ihrem Betrieb (mehr als 10–20 Prozent der Belegschaft) gibt es besondere Abwicklungsmodi, die innerbetrieblich mit dem Betriebsrat abgestimmt werden müssen. Die im deutschen Kündigungsschutzgesetz vorgeschriebene Sozialauswahl erzwingt hierbei häufig, jüngere Mitarbeiter, oft besser qualifiziert und technologisch auf dem neuesten Stand, als am wenigsten »schützenswert« zu entlassen und dafür all diejenigen zu behalten, die auf dem Arbeitsmarkt schwerer unterzubringen sind.

In Sozialplänen oder im »Interessenausgleich« wird mit Hilfe von Rechenformeln festgelegt, wie sich die Abfindung für den einzelnen Arbeitnehmer ermittelt. Pro Jahr Zugehörigkeit zum Betrieb werden meist, je nach Stärke des Betriebsrates, zwischen 0,35 und 0,8 Monatsgehälter gezahlt. Im Allgemeinen ergänzt sich diese Summe durch ein Bonussystem, welches nach Alter der Betroffenen, Anzahl der unterhaltspflichtigen Kinder und nach zu versorgenden Ehegatten gewichtet wird. Dieses Verfahren macht deutlich, dass es bei Rationalisierungskündigungen weder auf Ihr Engagement noch auf Ihre Qualifikation ankommen muss. Dementsprechend gilt: Automatisch eine persönliche »Mitschuld« an Ihrer Kündigung anzunehmen ist absurd. Unter Umständen hatten

Sie keinerlei Chance, dieses Ereignis zu beeinflussen oder gar zu verhindern.

Meist liegen die Dinge aber nicht so klar. Bei der Analyse der Kündigungsgründe ergibt sich häufig ein Mischverhältnis aus persönlichen und externen Faktoren. Selbst wenn Sie zu dem Ergebnis kommen, die Kündigung mit verursacht zu haben, ist das kein Grund, vor Scham im Boden zu versinken. Aus Fehlern lässt sich schließlich lernen – und wo ließe sich diese Lernerfahrung besser unter Beweis stellen als am neuen Arbeitsplatz?

Die personenbedingte Kündigung

In den überwiegenden Fällen erfolgen personenbedingte Kündigungen aufgrund von Krankheiten, die in einem dem Arbeitgeber nicht zumutbaren Maße zu Arbeitsausfällen führen. Gemeinhin gelten Ausfälle von deutlich über 15 bis 20 Prozent der Arbeitszeit als Grenze; bei dauerhafter Überschreitung darf sich der Arbeitgeber grundsätzlich von seinem Mitarbeiter trennen, zumal wenn eine »schlechte Prognose« angenommen wird, etwa bei Alkoholsucht mit mehreren gescheiterten Entziehungskuren.

Einer personenbedingten Entlassung geht in der Regel eine sehr lange Vorgeschichte voraus. Der behandelnde Arzt und der medizinische Dienst der Krankenkasse müssen eingeschaltet werden. Der Mitarbeiter wird dann aufgefordert, den behandelnden Arzt gegenüber dem Arbeitgeber von seiner Schweigepflicht zu entbinden. Der Arzt erstellt hinsichtlich des zukünftigen Krankheitsverlaufes eine »Prognose«, inwieweit eine Besserung zu erwarten und ob eine Rückkehr an den alten Arbeitsplatz zumutbar ist. Nur wenn die Prognose eine Gesundung auf Dauer ausschließt, darf der Arbeitgeber dem Mitarbeiter kündigen, da die Rechtsprechung die ansonsten entstehenden Lohnfortzahlungskosten bei gleichzeitig fehlender Planungssicherheit für nicht zumutbar hält.

Die verhaltensbedingte Kündigung

Die verhaltensbedingte Kündigung ist ausschließlich vom Verhalten des Arbeitnehmers abhängig. Sie erfordert im Vorfeld zahlreiche Gespräche, Ermahnungen und schriftliche Abmahnungen. In diesen Abmahnungen muss regelmäßig die Androhung fixiert sein, dass es im Fall einer Wiederholung zu »arbeitsrechtlichen Maßnahmen« kommen wird. Eine solche finale arbeitsrechtliche Maßnahme ist die Kündigung.

Basis der Kritik, die in den Gesprächen, Ermahnungen und schriftlichen Abmahnungen kulminiert, ist immer eine Verletzung der im Arbeitsvertrag niedergelegten Verpflichtungen. Typische Punkte sind:

> Unpünktlichkeit;
> nicht fristgerechte Abgabe von Arbeitsergebnissen, mit negativen Folgen der Verspätungen für den Arbeitgeber;
> Schaden, der dem Arbeitgeber zugefügt wurde, beispielsweise durch Beleidigung von Kunden;
> Aggressionen gegen Kollegen, z.B. Beleidigungen, Rangeleien, nachgewiesenes Mobbing, Zerstören von Arbeitsunterlagen und Werkzeugen anderer Mitarbeiter;
> sexuelle Belästigungen am Arbeitsplatz, egal ob durch verbale »Anmache«, anzügliche E-Mails oder tätliche Übergriffe;
> Privates Nutzen von Betriebseigentum, z.B. privates Internetsurfen, private Telefonate oder Kopieren privater Unterlagen;
> Überziehen von Pausen oder Verlassen des Arbeitsplatzes vor Dienstschluss;
> unentschuldigtes Fernbleiben von der Arbeit;
> Überziehen des Urlaubs ohne Erlaubnis.

Jedes Verhalten, das dem Arbeitgeber auf Dauer nicht zugemutet werden kann, ist ein denkbarer Abmahnungsgrund. Allerdings sind

Arbeitgeber in Deutschland zu einer ganzen Reihe abgestufter, un-übersehbarer Warnsignale verpflichtet, ehe sie sich auf diese Weise eines Mitarbeiters entledigen können.

In den meisten Fällen obliegt es jedoch der bewussten Entscheidung des Arbeitnehmers, solche Kündigungen zu vermeiden: Spätestens nach einer schriftlichen Abmahnung sollten Sie in sich gehen und genau überlegen, ob Sie wirklich auf diese Weise gekündigt werden wollen – denn Ihr Zeugnis wird unter diesen Vorzeichen wohl kein Ruhmesblatt werden. Falls Ihnen der Betrieb oder Ihre Arbeit nicht mehr zusagt, gibt es sicherlich viele andere Möglichkeiten einer Veränderung, die sich nicht so verheerend in Ihrem Lebenslauf auswirken. Bei einem solcherart selbst verschuldeten Arbeitsplatzverlust sollten Sie auch einkalkulieren, dass das Arbeitsamt Ihnen durch eine Sperre für drei Monate das Arbeitslosengeld vorenthalten wird.

Die fristlose Kündigung

Fristlose Entlassungen kommen heute nur noch selten vor, da die Rechtslage für jedes Fehlverhalten mindestens eine schriftliche Abmahnung erfordert. Gründe für fristlose Kündigungen sind in der Regel nur Fälle von Betrug, der »Griff in die Kasse« bzw. der Diebstahl von Betriebseigentum oder der Verrat von Betriebsgeheimnissen. Können diese schweren Vergehen belegt werden, ist ein Verlust der Arbeit binnen Tagen, falls der Delinquent auf frischer Tat ertappt wird, sogar binnen Stunden möglich.

Werden solche Verfehlungen entdeckt, hat der Arbeitgeber, um die Tat vollständig aufzuklären oder Beweismaterial im Vorgriff auf eine mögliche juristische Auseinandersetzung zu sichern, bis zu zwei Wochen Zeit, um die Kündigung auszusprechen. Diese gilt dann ab sofort – der Gekündigte kann seine Sachen packen. Selbstverständlich muss der Arbeitgeber auf Verlangen den Grund der fristlosen Kündigung nennen. Dieser selbstverschuldete Arbeitsplatzverlust zieht eine dreimonatige Sperre des Arbeitslosengelds und ein unerfreuliches Zeugnis nach sich.

Der Aufhebungsvertrag

Vielfach wird der Arbeitgeber von sich aus einen einvernehmlichen Aufhebungsvertrag anstreben. Einige Outplacement-Beraterfirmen offerieren als Dienstleistung für Unternehmen sogar die Gestaltung von Aufhebungsverträgen. Dem Unternehmen bietet dieser komplikationslose Ausstieg einige Vorteile: Der allgemeine Kündigungsschutz greift nicht und Kündigungsfristen finden keine Anwendung. Der besondere Schutz vor Kündigungen für Schwerbehinderte, Schwangere oder Mütter nach der Entbindung entfällt. Der Betriebsrat muss nicht informiert oder angehört werden. Kündigungsgründe müssen nicht offiziell benannt werden und die Sozialauswahl der betroffenen Arbeitnehmer wird ausgehebelt. Zudem kann die Qualifikation und Altersstruktur der Belegschaft mit diesem Instrument direkt beeinflusst werden.

Der Vertrag regelt außer dem Ende der Beschäftigung vor allem finanzielle Aspekte wie Abfindungssumme, Versorgungsansprüche und Nebenleistungen.

Im Interesse des Arbeitnehmers liegt es, möglichst weitgehend die Nachteile zu vermeiden, die ihm als Folge der einvernehmlichen Trennung drohen. Zu nennen sind hier das Ruhen des Anspruchs auf Arbeitslosengeld bei Zahlung einer Abfindung oder die zeitweilige Einbuße des Arbeitslosengeldes bei sofortiger Beendigung des Arbeitsvertrages. Der Eintritt einer Sperrzeit gemäß §144

Arbeitsförderungsgesetz kann trotz der einvernehmlichen Lösung in Form des Aufhebungsvertrages verhindert werden, wenn der Arbeitnehmer damit nachweislich (etwa durch Bezugnahme auf einschlägige Medienberichte) einer direkt bevorstehenden und rechtmäßigen Arbeitgeberkündigung zuvorkommt, um so berufliche Nachteile beim künftigen Arbeitgeber zu vermeiden.

3. Was Sie jetzt beachten sollten

Vor der Kündigung

Ist Ihnen per Buschfunk zugetragen worden, dass Ihre Kündigung absehbar ins Haus steht? Hat es »von oben« unklare Andeutungen gegeben? Jetzt sollten Sie auf keinen Fall in Panik geraten.

Am besten gehen Sie zweigleisig vor. Wenn Sie sich weiterhin mit Engagement in den Betrieb einbringen, zeigen Sie, dass man besser daran tut, Sie zu halten. Säen Sie nach Kräften Zweifel daran, ob es wirklich Sinn macht, auf Sie zu verzichten. Durch ein solches Vorgehen verbessern Sie in jedem Fall Ihre Chancen auf den Erhalt Ihres Arbeitsplatzes und schaffen nebenher bessere Ausgangsbedingungen für Verhandlungen, falls man sich tatsächlich von Ihnen trennen will.

Parallel sollten Sie sich auf eine mögliche Trennung emotional und geistig vorbereiten:

> Gewinnen Sie Abstand und versuchen Sie, den Kopf frei zu bekommen. Gedankenspiele, in denen Sie sich diese neue Situation mit den daraus entstehenden Möglichkeiten ausmalen, können helfen, aufsteigende Ängste zu bewältigen. Malen Sie sich ruhig in Tagträumen diese neue Situation aus. Auch wenn es befremdlich und abgehoben klingt – dies ist ein guter Weg, die neue, eventuell beängstigende Umbruchsituation emotional zu verdauen.
> Fragen Sie sich, welche Herausforderungen Sie reizen. Immerhin haben Sie nun die Chance, etwas völlig Neues zu beginnen.
> Informieren Sie sich diskret über Ihre Chancen auf dem Arbeitsmarkt und überlegen Sie, welche Betätigung Sie sich vorstellen

könnten. Vielleicht waren Sie als kommunikativer Mensch in Ihrer bisherigen Arbeit unterfordert. Oder Sie würden gerne ruhiger und konzeptioneller arbeiten, als Ihnen bisher aufgrund des Alltagsgeschäftes freistand. Studieren Sie den Stellenmarkt in Tages- und überregionalen Zeitungen, im Internet und in Fachzeitschriften.

Nach der Kündigung

Jetzt ist die Katze aus dem Sack, der Arbeitgeber will künftig auf Ihre Leistungen verzichten. Sie sind womöglich erst einmal wütend und fühlen sich ungerecht behandelt. Oder Sie nehmen die Nachricht cool auf, weil Sie sich schon vorher damit abgefunden haben, und sinnen auf langfristige Rache nach dem Motto: »Die werden sich noch umschauen, wenn sie ohne mich auskommen müssen.« Oder – eher ein seltener Fall – Sie lachen sich heimlich ins Fäustchen, weil der neue Arbeitsplatz schon auf Sie wartet.

Auch wenn Ihnen die Zukunft im Augenblick unerfreulich erscheinen mag – Sie haben noch eine Menge Trümpfe in der Hand, um die schwierige Situation positiv für sich zu nutzen. Nervenstarkes und geschicktes Verhandeln kann den Sprung in ein neues, vielleicht befriedigenderes und besser entlohntes Arbeitsverhältnis erleichtern und beschleunigen. Führen Sie sich daher zuerst einmal vor Augen, dass Ihre Position gar nicht so schlecht ist, wie Sie vielleicht denken. Selbst wenn verhaltensbedingte Gründe Ihre Kündigung veranlassen, ist die Situation auch für den Arbeitgeber nicht unkompliziert.

Falls Sie bereit sind, es auf eine Klage vor dem Arbeitsgericht ankommen zu lassen, können Sie es dem Arbeitgeber ziemlich schwer machen, Sie loszuwerden, denn der Gesetzgeber macht dem Arbeitgeber die Kündigung nicht gerade einfach. Auf keinen Fall sollten Sie durch ein Gefühl des Zurückgewiesenseins und der Verletztheit Ihre Chancen auf einen guten Neuanfang mindern. Auch wenn diese Reaktion sehr menschlich und verständlich ist, Sie können noch einiges herausholen, wenn Sie sich nicht verunsichern lassen und Ihre Karten überlegt ausspielen.

Keine Angst vor juristischen Schritten

Meist hat der Arbeitgeber, schon um eine demotivierende und verunsichernde Wirkung auf die verbleibenden Beschäftigten zu vermeiden, ein eigennütziges Interesse, sich mit Ihnen gütlich zu einigen. Falls nicht, lässt sich diese Bereitschaft fördern, indem Sie ruhig, aber unmissverständlich deutlich machen, dass Sie vor einem Arbeitsgerichtsverfahren nicht zurückschrecken. Es gibt für Sie wirklich auch keinen Grund, diesen Schritt zu fürchten, denn die Kosten eines Verfahrens sind vergleichsweise niedrig und die gerichtlichen Ansprüche an den Arbeitgeber hinsichtlich der darzulegenden Kündigungsumstände erheblich. Im Falle von betriebsbedingten Kündigungen ist beispielsweise zu belegen, dass Ihre vormalige Arbeit tatsächlich entfällt, dass es keine jüngeren oder weniger schützenswerten Arbeitnehmer mit vergleichbarer Arbeit gibt, die vor Ihnen zu entlassen wären. Bei deutlich verringerter Arbeitsmenge, die Ihre Mitarbeit künftig entbehrlich macht, ist für Ihren persönlichen Arbeitsplatz die Abnahme der Arbeitsmenge während der zurückliegenden Monate direkt nachzuweisen. Soll aufgrund von Doppelbesetzungen nach Fusionen Führungspersonal entlassen werden, muss der Arbeitgeber z.B. schlüssig darlegen, in welcher Hinsicht der Verbleibende besser qualifiziert ist.

In einer arbeitsgerichtlichen Auseinandersetzung sollte man sich durch einen Fachanwalt für Arbeitsrecht beraten lassen, da praktische Erfahrung vor Gericht ebenso unverzichtbar ist wie die intensive Kenntnis der komplexen Materie. Allerdings sollten Sie dabei berücksichtigen, dass auch Anwälte ein Eigeninteresse haben – also lassen Sie sich die juristischen Schritte und ihre Erfolgsaussichten gut begründen. Gewerkschaftsmitglieder können in diesem Fall die Hilfe eines Gewerkschaftssekretärs in Anspruch nehmen. Auch wenn bei einem Zivilprozess Urteile von einem Richter gesprochen werden, sollten Sie sich die Atmosphäre nicht wie bei einem Strafprozess vorstellen, bei dem es um Schuldfragen geht. Das Bild einer Pokerrunde kommt der Realität schon näher. Der große Spielraum für Interpretation und Auslegung, der geringe Streitwert der Verfahren und die Überlastung der Gerichte befördern das Bemühen um schnelle Verhandlungslösungen.

Selbst wenn Sie davon ausgehen, dass eine verhaltensbedingte Kündigung berechtigt ist und eine Klage dagegen chancenlos, können Sie durch cleveres Verhandeln noch allerlei herausholen. Ein einvernehmlicher Aufhebungsvertrag zur Vermeidung juristischer Schritte kann die wahren Kündigungsgründe im Dunkeln belassen, ein besseres Zeugnis ermöglichen und Ihre Ansprüche auf Unterstützung vom Arbeitsamt erhalten. So mancher Arbeitgeber wird sich mit Ihnen lieber einigen, um den zeitraubenden und entnervenden Umweg über die Justiz zu vermeiden, wenn er erkennen muss, dass Sie vor der gerichtlichen Durchsetzung Ihrer Ansprüche nicht zurückschrecken. Falsche Scheu, Ihre Situation in einem öffentlichen Verfahren zu beleuchten, senkt daher unnötig Ihre Chancen auf einen gelungenen Neustart in ein anderes Beschäftigungsverhältnis.

In keinem Fall sollten Sie jedoch ernsthafte Hoffnungen hegen, durch eine Klage Ihre Kündigung ungeschehen zu machen. Schon die bildliche Vorstellung, wie Sie nach einem gewonnenen Prozess an Ihren alten Arbeitsplatz zurückkehren, macht deutlich: Es geht nicht. Während des Verfahrens kommen in der Regel so viele unerfreuliche Emotionen ins Spiel, dass die Basis der Zusammenarbeit dauerhaft zerstört wird. Auch wenn eine Rücknahme der Kündigung offiziell das Ziel einer solchen Klage ist, führt die gerichtliche Einigung normalerweise eher zu einer Verbesserung Ihrer Kündigungsmodalitäten. Diese aber könnten sich entscheidend auf Ihren weiteren Lebensweg auswirken und sind daher nicht zu unterschätzen.

Die Abfindung

Abfindungen sind als Entschädigung für den Verlust des Arbeitsplatzes gedacht und sollen dessen vermögenswirksame und immaterielle Nachteile vollständig ausgleichen. Verschiedene Urteile des Bundesarbeitsgerichtes besagen, dass der Anspruch auf eine Abfindung wegfällt, wenn der Arbeitnehmer direkt in ein anderes Beschäftigungsverhältnis wechseln kann. Eine »Bereicherung« ist hier nicht angestrebt, auch wenn reale Abfindungszahlungen manchmal anderes nahe legen, etwa die 60 Millionen DM schwere Abfindung für den ehemaligen Vorstandsvorsitzenden Esser bei der Übernahme von Mannesmann durch das britische Telekommunikationsunternehmen Vodafone.

Im normalen Arbeitsleben sind dagegen nur Abfindungen in Höhe eines halben Monatsgehaltes pro Jahr der Beschäftigung üblich. Hier sollte der Ausscheidende allerdings darauf Wert legen, dass ein zugrunde liegendes Monatsgehalt aus dem Jahresgehalt geteilt durch 12 errechnet wird. Die real geleisteten Überstunden fänden sonst ebenso wenig Eingang in die Berechnung wie andere Sonderzahlungen: Schichtzulagen, Weihnachtsgeld etc.

Die Abfindungszahlung unterliegt dem persönlichen Einkommenssteuersatz, soweit die 1999 gesenkten Freibeträge überschritten werden. Die neuen Freibetragsgrenzen betragen für Arbeitnehmer über 55 Jahre mit 20-jähriger Betriebszugehörigkeit 12.000 Euro, für Arbeitnehmer über 50 Jahre gelten 10.000 Euro als Grenze und jüngere Arbeitnehmer sind bis zu 8.000 Euro von der Versteuerung freigestellt. Diese Freibeträge gelten aber grundsätzlich nur, wenn im Aufhebungsvertrag festgeschrieben ist, dass eine vom Arbeitgeber veranlasste Aufhebung des Arbeitsverhältnisses vorliegt.

Unternehmen streben oftmals eine Reduzierung der Abfindung für den Fall an, dass der Ausscheidende eine neue Anstellung im selben Konzern findet oder wenn vom Arbeitnehmer ein vorzeitiges Ausscheiden gewünscht wird, um kurzfristig eine neue Stelle antreten zu können.

Auch für das Aushandeln des außergerichtlichen Aufhebungsvertrages ist fachanwaltliche Hilfe oder Unterstützung von Seiten der Gewerkschaft von erheblichem Vorteil für ein arbeitnehmerfreundliches Ergebnis, denn die beiden oben genannten Argumente für eine Reduzierung Ihrer Abfindung sind natürlich inakzeptabel und sollten zurückgewiesen werden. Dem freisetzenden Unternehmen kann schlichtweg gleichgültig sein, wo Sie wieder Arbeit finden, und bei vorzeitigem Ausscheiden spart der Arbeitgeber Ihr Gehalt plus der Sozialbeiträge ein – warum sollte er sich auch noch an Ihrer Abfindung bedienen?

Die Freistellung

Viele Arbeitsverträge beinhalten eine so genannte Freistellungsklausel, die besagt, dass Sie nach der Kündigung während der Kündigungsfrist bei voller Bezahlung vom Dienst freigestellt sind. Dies ermöglicht dem Arbeitgeber, Ihre Stelle ab sofort neu zu besetzen und verschafft Ihnen die Gelegenheit, sich ohne Zeitverzug auf die Suche nach einem neuen Beschäftigungsverhältnis zu machen. Falls Ihr Arbeitsvertrag keine Klausel dieser Art vorsieht, sollten Sie vielleicht in den Verhandlungen um den Aufhebungsvertrag auf einer Freistellung bestehen, um sich intensiver um einen neuen Arbeitsplatz bemühen zu können.

Die Beratungspraxis zeigt, dass viele Gekündigte mit Hilfe einer Outplacement-Beratung noch innerhalb der Freistellungszeit eine neue Stelle finden, sodass der als demütigend empfundene Status der Arbeitslosigkeit nie offiziell erreicht wird, sondern allenfalls als Damoklesschwert über den Betroffenen schwebt – und sie im Zweifelsfall bei der Suche anspornt. Zudem ergab eine 1987 durchgeführte Outplacement-Consulting-Studie der Schweizer Firma Consultex, dass die neu akquirierte Stelle bei über 50 Prozent der bundesdeutschen Outplacement-Kandidaten besser bezahlt wurde.

Das Zeugnis

Jeder Arbeitnehmer hat einen gesetzlich garantierten Anspruch auf ein qualifiziertes Zeugnis. Durch den arbeitsrechtlichen Anspruch auf ein berufsförderndes, wohlwollendes Zeugnis ist der Arbeitgeber genötigt, keine eindeutig negativen Formulierungen darin zu verwenden. Allerdings ist der Arbeitgeber zu wahrheitsgemäßen Angaben verpflichtet.

Auch nachgewiesener Kassenbetrug oder Diebstahl dürfen dem künftigen Arbeitgeber nicht verschwiegen werden. Das Zeugnis soll ihm verraten, wie Sie mit den Ihnen übertragenen Aufgaben fertig wurden, und Ihr Verhalten aus Sicht des früheren Arbeitgebers bewerten.

Wenn das Klima in der freisetzenden Firma für Sie günstig ist, beispielsweise weil Ihr Arbeitgeber sich Ihnen gegenüber verpflichtet fühlt, sollten Sie um ein rückdatiertes Zwischenzeugnis bitten, um Ihre Chancen bei der Jobsuche zu erhöhen. Diesem Zwischenzeugnis kann niemand ansehen, dass man sich von Ihnen trennen will. Das ist von Vorteil, denn noch immer gehen viel zu viele Arbeitgeber davon aus, dass ein ungekündigter Arbeitnehmer die bessere Wahl gegenüber einem Arbeitslosen ist. Sollte ein Zwischenzeugnis nicht vorliegen oder in rückdatierter Form zu erlangen sein, so bitten Sie um ein vorläufiges Arbeitsendzeugnis. Verständliche Ängste vor einer ungerechten oder negativen Bewertung im Zeugnis sind in der Regel nicht begründet, da die meisten Arbeitgeber wenig Interesse haben, Ihr Fortkommen zu behindern.

Oft übersieht man im Gefühl eigener Abhängigkeit und Ohnmacht, dass beidseitiges Entgegenkommen auch Ihren Noch-Chef entlastet, der Sie vielleicht nur aus ökonomischen Zwängen und mit schlechtem Gewissen gehen lassen muss. Aufgrund der Wichtigkeit Ihres Endzeugnisses für Ihre weitere Karriere sollten Sie dessen Formulierungen aber in jedem Fall in die anstehenden Verhandlungen um den Aufhebungsvertrag mit einbeziehen. Sollten Sie unsicher sein, inwieweit der Ihnen ausgehändigte Zeugnisentwurf tatsächlich positiv zu verstehen ist und Ihre Leistungen entsprechend würdigt, empfiehlt es sich, zeitnah zum Erhalt eine Überprüfung durchführen zu lassen. Verschiedene Karriereberatungsunternehmen bieten diese Dienstleistung an. Wichtig ist, dass Sie die Bedeutung dieses Dokuments für Ihre weitere berufliche Entwicklung nicht unterschätzen. Deshalb lohnt es sich durchaus, in die Verhandlungen über Ihr Arbeitszeugnis einige Energie zu investieren.

Ein qualifiziertes und berufsförderndes Zeugnis muss gesetzlich verbrieft die folgenden Bestandteile enthalten:

Die **Einleitung** nennt Namen, Geburtsdatum und eventuell den Geburtsnamen sowie den Zeitpunkt der Beschäftigungsaufnahme beim Arbeitgeber, eine nähere Bezeichnung Ihrer Tätigkeit und gegebenenfalls die verschiedenen Arbeitsplätze, die Sie im Unternehmen ausgefüllt haben.

In der **Tätigkeitsbeschreibung** werden Arbeitsinhalte und Zuständigkeiten benannt, bei Führungspersonal wird die Anzahl der zugeordneten Mitarbeiter und der verwaltete Budgetrahmen mit aufgeführt. Projekte, die von Ihnen geleitet wurden, sowie Verbesserungen, die auf Sie zurückgehen, werden hier dargestellt. Insgesamt sollte diese Zusammenfassung Ihre fachliche Qualifikation angemessen beschreiben.

Die **Leistungsbeurteilung** bewertet die von Ihnen erbrachte Arbeitsleistung hinsichtlich Sorgfalt, Effektivität, Geschwindigkeit, Gründlichkeit, Kreativität, Selbständigkeit und Termintreue etc. Belastbarkeit und intellektuelle Fähigkeiten finden hier ebenso Erwähnung wie Führungsqualitäten, besondere Fachkenntnisse und absolvierte Weiterbildungsmaßnahmen. Die von Ihnen erbrachte Leistung wird sachlich beschrieben und in einem zusammenfassenden Satz beurteilt, der quasi die Quintessenz des gesamten Zeugnisses darstellt.

Im Punkt **Sozialverhalten** erhält Ihr künftiger Brötchengeber Einblick in Ihre soziale Kompetenz: Ihre Fähigkeit zur Teamarbeit, die Einbindung in den Kollegenkreis, Ihre Stresstoleranz, insbesondere auch im Umgang mit Kunden. Alle persönlichen und sozialen Aspekte Ihres Verhaltens am Arbeitsplatz finden hier Eingang in das Zeugnis. Bei Führungskräften ist an dieser Stelle ein zusätzlicher Absatz üblich, der Ihren Führungsstil und dessen Effizienz beleuchtet.

Als Letztes nimmt das Zeugnis mehr oder minder deutlich Bezug auf den Grund Ihrer Kündigung und benennt, auf wessen Initiative hin Ihr Ausscheiden erfolgte.

Am **Schluss** stehen meist ein Dank für die geleistete Arbeit, ein Ausdruck des Bedauerns über die Trennung, eventuelle Wiedereinstellungszusagen oder gute Wünsche für die Zukunft.

Exkurs: Der Geheimcode im Zeugnistext

Das arbeitsrechtliche Verbot eindeutiger Tadel hat einen Geheimcode hervorgebracht, in dem negative Bewertungen höchst indirekt ausgedrückt werden. So entscheiden leicht übersehene

---

Nebensächlichkeiten in der Formulierung über die Wertigkeit der getroffenen Aussagen. Schon eine Änderung in der Reihenfolge, die Hervorhebung von Selbstverständlichkeiten oder schlichte Auslassungen können die scheinbare Aussage ins Gegenteil verkehren.

Einfacher Ausdruck der Zufriedenheit im Arbeitszeugnis bedeutet recht durchschnittliche Leistungen, erst Zusätze wie »volle« oder »vollste« Zufriedenheit stehen für akzeptable oder bessere Arbeitsergebnisse. Um gute oder sehr gute Arbeit zu codieren, benutzt ein Zeugnisgeber die Formulierung, man sei »stets«, »jederzeit« oder »jederzeit und in jeder Hinsicht« mit Ihnen zufrieden gewesen.

Alarmzeichen sind scheinbar positive Formulierungen wie »weitestgehend« oder »im Großen und Ganzen« zufrieden, denn hier verbergen sich mangelhafte bis unzureichende Arbeitsergebnisse. Noch Schlimmeres verstecken Formulierungen à la »hat sich redlich bemüht«, »war stets bestrebt« oder »zeigte Verständnis für seine Arbeit« – dahinter stecken krasse Abwertungen, die dem erfahrenen Leser klar sagen, dass Sie mit den Ihnen anvertrauten Aufgaben überfordert waren. Bei künftigen Bewerbungen zählen solche Formulierungen als echte Minuspunkte.

Positive Aussagen ohne den zeitlichen Bezug wie »jederzeit« oder »in jeder Hinsicht« sind allgemein kritisch zu sehen. Hervorhebungen von Selbstverständlichkeiten wie »war wegen seiner Pünktlichkeit stets ein Vorbild« bedeuten, dass Ihre Fähigkeiten damit schon recht vollständig beschrieben sind. Auch Auslassungen in Aufzählungen wie in dem Passus »können wir Herrn/Frau X bestätigen, dass sein/ihr Verhalten gegenüber Kollegen und Kunden einwandfrei war« sind deutliche Kritik, in diesem Fall an Ihrem Verhalten gegenüber dem ehemaligen Vorgesetzten. Zumal die Formulierung in ihrer Kürze und ohne den allgemeinen zeitlichen Bezug »stets« oder »immer« schon allein genommen eine schlechte Wertung darstellt. Auch die Wendung »war ehrlich und fleißig« signalisiert durch Auslassung ein hohes Maß an Unpünktlichkeit und Unzuverlässigkeit, da die gemeinhin in Zeugnissen nur als Einheit zu verwendende Trias Ehrlichkeit, Pünktlichkeit und Fleiß aufgebrochen wird. Mancher Bestandteil dieser Geheimsprache in Zeugnissen wird sich mit hinreichendem Misstrauen auch dem beurteilten Arbeitnehmer selbst erschließen. So steht der im Zeugnis gelobte »interessante Gesprächspartner« für Geschwätzigkeit oder das »humorvolle Wesen« für einen lästigen Witzbold. Um Feinheiten dieses Geheimcodes nicht schutzlos ausgeliefert zu sein, empfiehlt sich professionelle Unterstützung, durch Spezialisten der Gewerkschaft, Fachanwälte, Outplacement- oder Karriereberater. Denn nicht jeder versteht Formulierungen wie »bewies stets Einfühlungsvermögen für die Belange der Belegschaft« oder »bewies ein umfassendes Einfühlungsvermögen für die Belegschaft« – wobei Ersteres auf Annäherungsversuche gegenüber Mitarbeiterinnen und Letzteres auf Homosexualität hindeutet. Trug der scheidende Mitarbeiter gar »durch seine Geselligkeit zur Verbesserung des Betriebsklimas bei«, weiß der fachlich versierte Leser, dass es sich bei dem Bewerber um einen Alkoholiker handelt.

In der Bewerbungssituation wird ein Zeugnis nach vielen Kriterien geprüft: Wie sorgfältig ist der formale Aufbau des Zeugnisses, von wem wurde es unterschrieben, ist es aussagekräftig und umfassend, ist der Ton floskelhaft und kühl oder wohlwollend und persönlich?

Chancen nutzen und Unterstützung sichern

Grundsätzlich ist eine qualifizierte Beratung während dieser gesamten schwierigen Phase der Kündigung eine wichtige Hilfe. Wenn Sie um Ihre Möglichkeiten wissen, können Sie erheblich bessere Startbedingungen für den nächsten Schritt in Ihrer beruflichen Weiterentwicklung herausholen. Auch bei Differenzen über Inhalt oder Form Ihres Zeugnisses können Sie, wenn eine gütliche Einigung nicht möglich erscheint, mit guter Aussicht auf Erfolg beim Arbeitsgericht auf Abänderung klagen.

Ganz entscheidend ist, dass Sie Ihre Chancen nutzen, denn auch eine ausgesprochene Kündigung lässt Ihnen noch Spielraum. Recht neu ist der Trend, dass immer mehr Gekündigte die Verhandlungen über die Form des Ausscheidens nutzen, um sich vom ehemaligen Arbeitgeber die Kostenübernahme-Zusage für eine Outplacement-Beratung geben zu lassen. Zunehmend öffnen sich endlich auch Beschäftigte in Deutschland für dieses in aller Welt seit Jahrzehnten geschätzte professionelle Karrierecoaching, da dieses die Zeit der Arbeitssuche in der Regel deutlich verkürzt und oft zu einem neuen Beschäftigungsverhältnis führt, welches nicht selten befriedigender und lukrativer ist. Schon allein die Gelegenheit, sich von erfahrenen Profis hinsichtlich der eigenen Position im Arbeitsmarkt und der eigenen Möglichkeiten beraten zu lassen, ist eine so wesentliche Hilfe in dieser schwierigen Phase der Neuorientierung, dass viele Ausscheidende zugunsten dieser Unterstützung auf einen Teil der Abfindung zu verzichten bereit sind. Nicht zuletzt die Tatsache, dass der Betroffene auch ganz praktisch unterstützt und somit von einem Teil der oft lästigen Bewerbungs»arbeit« entlastet wird, empfinden viele Klienten als Erleichterung.

Ob Sie in den Genuss einer Outplacement-Beratung kommen, hängt auch mit Ihrem Verhandlungsgeschick in der Trennungssituation zusammen. Auch wenn diese Sozialleistung kein Bestandteil Ihres alten Arbeitsvertrags ist, haben Sie gute Chancen, diese Form der Unterstützung nachträglich für sich zu beanspruchen. Dabei können Sie sich auf alle oben genannten Vorzüge berufen, die eine solche Lösung für das Unternehmen bietet (siehe Kapitel »Wie Sie als Arbeitnehmer profitieren«). Wichtig ist, dass

Sie bei den Trennungsverhandlungen eine für sich stimmige Lösung anstreben, die mindestens die folgenden Verhandlungspunkte berücksichtigt:

> Restlaufzeit des Arbeitsvertrags
> Höhe der Abfindung
> Zeitpunkt der Freistellung
> Arbeitszeugnis (Zwischen- und qualifiziertes Endzeugnis)
> Aufhebungsvertrag oder Kündigung
> Nutzung des Firmenwagens bis Vertragsende
> Höhe des Outplacement-Budgets bzw. Laufzeit der Beratungsmaßnahme
> Auszahlung von Ansprüchen aus der betrieblichen Altersversorgung

Verhandlungsspielräume im Kündigungsfall sind aber nicht nur Führungskräften vorbehalten. Wenn Sie etwa im Rahmen einer Betriebsschließung oder bei der Umstrukturierung von Geschäftsfeldern von einer Gruppenentlassung betroffen sind, können Sie auf den Betriebsrat einwirken, sich für ein Gruppen-Outplacement stark zu machen – das bringt Ihnen und Ihren Kollegen für die Zukunft mehr als eine feste Abfindungssumme.

Fallbeispiel: Norbert L., 43 Jahre, Gebietsverkaufsleiter

Norbert L. ist seit zehn Jahren im Vertrieb eines mittelständischen Konsumgüter-Herstellers tätig. Als studiertem Betriebswirt mit einer zusätzlichen gewerblich-technischen Ausbildung fällt ihm der Einstieg ins Verkaufsteam seiner Firma leicht. Einerseits beherrscht er die kaufmännische Seite, andererseits kann er seine Kunden kompetent bezüglich der Eigenschaften und besonderen Qualitäten seiner Produkte beraten.

Da seine Zahlen stimmen, steht einem Aufstieg nichts im Wege. Innerhalb weniger Jahre arbeitet er sich bis zum Gebietsverkaufsleiter hoch, dem 15 regionale Vertreter unterstellt sind. Norbert L. selbst kümmert sich nur noch um zwei wichtige Schlüsselkunden persönlich, ansonsten hat sich sein Aufgabengebiet auf die Managementebene verlagert.

Dann wendet sich das Blatt: Seine Gebietsumsätze sinken stetig, die Geschäftsleitung übt Druck auf ihn aus. Da der Rückgang in seinem Gebiet drastischer als im Gesamtunternehmen ausfällt, droht man ihm mit persönlichen Konsequenzen, sofern es ihm nicht gelingt, das Ruder herumzureißen.

Unter massivem Erfolgsdruck gelingt es Norbert L. jedoch immer weniger, seine Mitarbeiter zu motivieren und selbst lukrative Abschlüsse zu erzielen. Nach einem halben Jahr will das Unternehmen schließlich die Trennung. Da er diese Konsequenz erwartet hat, ist er nicht sonderlich überrascht und begibt sich bestens vorbereitet in die Verhandlungen um sein Ausscheiden.

Als erfahrener Verkäufer ist Norbert L. Verhandlungsprofi – eine Qualifikation, die ihm jetzt persönlich sehr zugute kommt. Sein aktuelles Jahreseinkommen liegt bei rund 125.000 Euro, dazu kommen ein auch privat genutzter Firmenwagen der gehobenen Klasse und eine betriebliche Altersversorgung. Seine Kündigungszeit beträgt sechs Monate zum Quartalsende. Das Unternehmen bietet ihm eine Abfindung in Höhe von 40.000 Euro bei sofortiger Freistellung und vorzeitiger Vertragsbeendigung. Sein Arbeitgeber hat ein großes Interesse daran, die Position schnell zu räumen, denn ein Nachfolger ist schon gefunden und ein sauberer Schnitt wird angestrebt.

Dieses Unternehmensinteresse nutzt Norbert L. geschickt zu seinen Gunsten: Zuerst schreibt er sich ein hervorragendes Zwischenzeugnis, das er dem Firmenchef zur Unterschrift vorlegt. Dann rechnet er seinem Arbeitgeber vor, welches Gehalt er in den offiziell noch sieben Monaten seiner Vertragslaufzeit zu erwarten hat.

Sein Gegenvorschlag: Auflösung des Arbeitsverhältnisses in drei Monaten zum Quartalsende, bis dahin volle Bezüge bei sofortiger Freistellung, Aufstocken der Abfindung auf 50.000 plus der rund 30.000 als Ausgleich der drei Monatsgehälter, die ihm dadurch entgehen. Seine Ansprüche aus der betrieblichen Altersvorsorge lässt er sich mit rund 25.000 Euro ausbezahlen, der Firmenwagen soll in seinen Privatbesitz übergehen. Außerdem soll das Unternehmen ihm die Betreuung durch einen Outplacement-Berater über einen Zeitraum von bis zu einem Jahr finanzieren.

Gegen das Zugeständnis einer Unterschrift unter den Auflösungsvertrag innerhalb von einer Woche werden Norbert L.s Forderungen weitgehend erfüllt. Lediglich der zeitliche Rahmen für das Einzel-Outplacement wird auf sechs Monate begrenzt. Sein Abschlusszeugnis wird im Wortlaut dem selbst geschriebenen Zwischenzeugnis entsprechen, so dass Norbert L. unter idealen Voraussetzungen – materiell abgesichert, beruflich nicht mehr eingespannt und mit einem kompetenten Coach an seiner Seite – in den Bewerbungsprozess einsteigen kann.

Die in diesem Kapitel genannten Vorteile sollten Sie schon bei Abschluss eines neuen Arbeitsvertrags bedenken und prophylaktisch darauf hinwirken, im Kündigungsfall ein Anrecht auf eine Outplacement-Beratung zu haben.

4. Das leistet eine professionelle Outplacement-Beratung

Falls Sie sich Ihren Outplacement-Berater selbst aussuchen können, werden Sie schnell feststellen, dass der Markt inzwischen recht groß ist. In Anbetracht einer wachsenden Zahl von Outplacement-Anbietern sollten Sie sich vor der Entscheidung für ein bestimmtes Unternehmen vergegenwärtigen, welche Erwartungen Sie realistischerweise an die Beratung stellen wollen und können. Wir führen im Folgenden Schritte auf, die zur Angebotspalette der meisten Outplacement-Anbieter gehören. Trotz der Tatsache, dass Outplacement einen doppelseitigen Nutzen für Arbeitnehmer und Arbeitgeber bietet, sind die Angebotsschwerpunkte bei den einzelnen Unternehmen verschieden – mal überwiegt bei Präsentation und Durchführung der Nutzen der einen, mal der Nutzen der anderen Seite.

Nicht alle Schritte, die hier aufgeführt werden, sind Gegenstand einer jeden Beratung. Die Beschreibungen der einzelnen Arbeitsschritte variieren von Anbieter zu Anbieter. Wichtig ist, dass Sie sich vor Beginn der Beratung klarmachen, welche Ziele, Chancen und Grenzen eine Outplacement-Beratung hat.

Im Einzelfall finden Sie zusammen mit dem Berater heraus, in welchen Bereichen Sie besondere Unterstützung brauchen und welche Schritte Sie am besten selbst erledigen. Dabei ist das grundsätzliche Vorgehen immer gleich: Bevor Sie sich nach der Kündigung wieder nach außen auf den Markt begeben, müssen Sie erst einmal nach innen gehen. Erst danach folgt der zweite Schritt – die Vermarktung und der »Verkauf« Ihres Profils.

Die einzelnen Schritte:
Analyse und Neuorientierung

> Bestandsaufnahme

Um zu erfahren, wohin die Reise geht, müssen Sie zunächst wissen, von wo sie ausgeht. Am Anfang einer jeden Outplacement-Beratung steht daher die Bestandsaufnahme. Gemeinsam mit Ihrem Berater ziehen Sie Bilanz: Wo stehen Sie aktuell, was ist bisher gut, was weniger erfolgreich gelaufen? Was würden Sie noch einmal genauso machen, wo würden Sie die Zeit gern zurückdrehen und Dinge anders angehen? Auf welchen Feldern brauchen Sie besondere Unterstützung? Welche Informationen liefert der alte Arbeitgeber zum Trennungsgeschehen? Sind alle Alternativen gründlich geprüft? Was sind Ihre Erwartungen an eine Outplacement-Beratung?

> »Trauerarbeit«

Der Berater hilft, die Frustration und Enttäuschung, die die Kündigung bei Ihnen ausgelöst hat, zu verarbeiten. Es ist wichtig, dass Sie die verschiedenen emotionalen Phasen von Trauer bis Wut bewusst durchlaufen, damit Sie die schwierigen Gefühle im Idealfall am Ende in positive Energie und gesteigerte Motivation umwandeln können.

> Analyse der persönlichen Situation des Betroffenen nach der
  Kündigung

Im weiteren Verlauf der Outplacement-Beratung geht es darum, Ihre persönliche Situation zu analysieren: In welcher finanziellen Situation stecken Sie, wie sieht das familiäre Umfeld aus? Welche Konflikte beschäftigen Sie? Was waren die Kündigungsursachen? Was kann man aus der Situation für die Zukunft lernen?

> Potenzialanalyse, Standortbestimmung und Visionen
Die Potenzialanalyse dient als Ausgangspunkt der Zielfindungsarbeit. Mit Hilfe von umfangreichen Tests erarbeiten Sie gemeinsam mit Ihrem Berater Ihr persönliches Stärken- und Schwächenprofil und erkunden, inwieweit sich Ihr Selbstbild und Ihr Fremdbild, das heißt die Art, wie Sie auf Ihre Mitmenschen wirken, decken. Außerdem klären Sie Ihre persönlichen Interessen und Neigungen – eine wichtige Voraussetzung, um später das Berufsbild zu definieren, das Ihnen auf lange Sicht Arbeits- und damit Lebenszufriedenheit garantieren wird.

> Konkrete Ziele neu definieren
Die Ergebnisse der vorangegangenen Analysen überführen Sie nun gemeinsam mit Ihrem Coach in neue Ziele und Prioritäten. Dabei sollten über die rein berufliche Zielplanung hinaus persönliche und private Wünsche mit einbezogen werden. Denn ob Sie tatsächlich die nächste Stufe auf der Hierarchieleiter anstreben, hat nicht zuletzt auch damit zu tun, wie wichtig Ihnen ein intensives Privatleben mit Zeit für Hobbys und Familie ist.

> Die eigene Bewerbungsstrategie entwickeln und umsetzen – Ziele in Strategie verwandeln
Grundlage Ihrer individuellen Bewerbungsstrategie muss Ihre persönliche Werbebotschaft, Ihr so genannter USP (»unique selling proposition«) sein. Gemeinsam mit Ihrem Coach arbeiten Sie daran, die wichtigsten »Verkaufsargumente«, die für Sie als Mitarbeiter sprechen, genau auf den Punkt zu bringen. Diese Argumente werden anschließend alle Ihre Bewerbungsaktivitäten wie ein roter Faden durchziehen.

> Suchstrategien
Dann geht es an die Recherche möglicher neuer Arbeitsfelder: Welche Arbeitgeber sind für Sie interessant, wo finden Sie passen-

de Stellenangebote – und woran erkennen Sie, ob ein Stellenangebot zu Ihnen passt? Wie können Sie das Internet als Recherche-Instrument und Stellenbörse nutzen? Wie sollte Ihr Stellengesuch aussehen, wo sollte es platziert werden? Des Weiteren können Sie Ihre persönlichen Kontakte aktivieren, Kontakte des Beraters nutzen oder Personalvermittlungen einschalten.

> Bewerbungsunterlagen optimieren

Ohne eine perfekte Bewerbungsmappe läuft gar nichts. Dabei stellt sich zuerst die Frage: Selber machen, Anleitung in Anspruch nehmen oder komplett gestalten lassen? In der Praxis hat sich eine Kompromisslösung sehr bewährt: Gemeinsam mit dem Coach wird die Botschaft erarbeitet, die praktische Umsetzung (exakte Formulierung, Gestaltung des Layout) übernehmen die Bewerbungsprofis. Was Sie übernehmen und wo der Outplacement-Berater hilfreich zur Seite springt, entscheidet sich von Fall zu Fall. In der Regel lassen sich die vorhandenen Unterlagen deutlich optimieren. Ähnlich wie beim Arbeitszeugnis gilt: Die Bedeutung des Dokuments darf nicht unterschätzt werden. Schließlich betrachten Arbeitgeber die Bewerbungsmappe als Visitenkarte oder erste Arbeitsprobe des Bewerbers – und darauf sollte man einige Sorgfalt verwenden.

> Coaching für die mündliche Selbstdarstellung

Egal ob bei der telefonischen Kontaktaufnahme oder später in den Vorstellungsgesprächen: Nur wer sich wirkungsvoll verbal präsentieren kann, wird Erfolg haben. Gemeinsam mit Ihrem Coach erarbeiten Sie die mündliche Selbstdarstellung für die Kurzpräsentation und das Vorstellungsgespräch. Sie entwickeln Strategien, weniger rühmliche Punkte in Ihrem Lebenslauf zu »verkaufen«, Lücken und Misserfolge nachvollziehbar zu machen und Ihren bisherigen Werdegang als logisches Aufeinanderfolgen darzustellen. Außerdem entwickeln Sie Argumente, warum gerade Sie der Richtige für die zu besetzende Position sind und weshalb Sie unbedingt für dieses Unternehmen arbeiten möchten – denn genau nach diesen Dingen wird man Sie mit an Sicherheit grenzender Wahrscheinlichkeit fragen.

> Entscheidungshilfe
Hier geht es darum, eingehende Angebote kritisch zu prüfen, die Pro- und Contraargumente daraufhin abzuwägen, ob das Angebot mit den definierten Zielen in Einklang zu bringen ist. Ein guter Berater wird von überhasteten Entscheidungen abraten und sie in Bezug auf die Vertragskonditionen präparieren. War Ihre Strategie bis hierher erfolgreich, werden bald die ersten Jobangebote eingehen.

> Coaching: Schritt für Schritt in die neue Existenz
In der Regel endet die Betreuung bei der Einzel-Outplacement-Beratung erst, wenn der Betroffene sich nach drei Monaten im neuen Unternehmen eingelebt hat. Begleitendes Coaching im neuen Umfeld kann helfen, die Strukturen im neuen Unternehmen schnell zu durchschauen und adäquate Verhaltensweisen zu entwickeln. Wem es gelingt, mit professioneller Unterstützung die üblichen Einsteiger-Fettnäpfchen geschickt zu umgehen, hat bessere Chancen, die Probezeit erfolgreich zu überstehen.

Vorgespräch und Bestandsaufnahme

Bei einem seriösen Outplacement-Anbieter sollte ein kostenloses Vorgespräch, in dem Sie Ihre Situation schildern, Ihre Erwartungen an die Beratung darstellen und sich das Leistungsspektrum erläutern lassen, selbstverständlich sein. Außerdem dient dieses Gespräch dazu, sich persönlich kennen zu lernen und ein Gefühl dafür zu entwickeln, ob man sich eine intensive Zusammenarbeit vorstellen kann. Denn dass die »Chemie« zwischen Berater und

Klient stimmt, ist eine Grundvoraussetzung für ein erfolgreiches Outplacement.

Außerdem wird hier der Status quo geklärt: Wie ist die aktuelle Situation, was ist bisher vorgefallen, in welcher Verfassung ist der Klient? Gerade an den Punkten, die Sie absichtlich oder unabsichtlich verschweigen, können Sie die Kompetenz Ihres Beraters ermessen. Fragt er nach, hat er ein intuitives Gespür für das Wesentliche? Dringt er zum Kern vor, oder bleibt das Gespräch an der Oberfläche? Respektiert er Ihre Grenzen, lässt er Ihnen Zeit, sich zu öffnen? Wie ist seine persönliche Ausstrahlung?

Hat Ihr ehemaliger Arbeitgeber das Outplacement-Unternehmen ausgewählt und beauftragt, gehört zur Bestandsaufnahme möglicherweise auch, dass der Berater sich dort über die näheren Umstände der beabsichtigten Trennung informiert. Besonders, wenn das Unternehmen die Beratungsfirma engagiert, bevor die Trennung ausgesprochen ist, sollte der Berater vorab unter anderem folgende Fragen geklärt haben:

> Lässt sich der Betroffene auch anderweitig im Unternehmen einsetzen?
> Wird das Trennungsgespräch professionell vorbereitet?
> Wie schätzt die Firma seine Marktchancen ein?
> Bestehen andere Alternativen zur Trennung?
> Welche Auswirkungen wird die Trennung innerbetrieblich und außerbetrieblich haben?
> Wie wird er aller Voraussicht nach die Kündigung verkraften?
> In welchem zeitlichen Rahmen soll die Trennung geschehen?

Trauerarbeit

Gekündigt zu werden bedeutet nicht nur materielle Unsicherheit, sondern in der Regel auch eine enorme emotionale Belastung – etwa wenn die Kündigung überraschend kommt und vermeintlich sichere Perspektiven wie Seifenblasen von einem Tag auf den anderen zerplatzen. Die Betroffenen fühlen sich zutiefst verletzt und geraten nicht selten in eine persönliche Krise, Minderwertigkeitsgefühle und Versagensängste kommen auf.

Wie der Verlust eines geliebten Menschen durch Tod oder Trennung kann eine Kündigung zu einem psychischen Schock mit nachhaltigen Folgen für das seelische Gleichgewicht führen. In dieser Situation steht Ihnen der Outplacement-Berater mit emotionaler Unterstützung zur Seite. So geht es in den ersten Stunden auch um die Frage, welche Gefühle die Kündigung in Ihnen aufsteigen lässt: Trauer, Wut, Verzweiflung, vielleicht auch Resignation? Nehmen Sie die Gefühle deutlich wahr und bekommen diese eine angemessene Ausdruckschance?

Was auch immer es für Gefühle sind: Es kommt darauf an, sie bewusst wahrzunehmen und zu durchleben; ansonsten werden die ungelebten Gefühle eingekapselt und führen zu einer Dauerverstimmung, die z.B. schwerwiegende psychosomatische Erkrankungen nach sich ziehen kann. Ein bewusst durchlebtes Gefühl hingegen hinterlässt ein Gefühl der Befreiung.

Am Anfang steht meist ein Gefühl der Trauer. Sich von einem Arbeitsplatz zu verabschieden, mit dem man sich in hohem Maß identifiziert hat, ist ein langsamer und lang andauernder Prozess, der nicht mit dem letzten Arbeitstag endet. Die Trauer ist wichtig und notwendig, denn sie teilt uns mit, dass sich etwas Wesentliches in unserer Umgebung geändert hat.

Jeder Mensch hat seine eigene Zeit und seine eigene Art zu trauern. Bei jedem Trennungsprozess, egal ob es sich um Umzug,

Scheidung, Verlust des Arbeitsplatzes, Verlust der Gesundheit durch eine chronische Erkrankung, einen Unfall, Verlust der Jugend oder den Verlust eines Partners durch Tod handelt, geraten Körper und Seele aus dem Gleichgewicht. Wie lange es dauert, bis sich ein neues Gleichgewicht einstellt und wie heftig die emotionalen Auswirkungen sind, hängt von der inneren Stabilität jedes Einzelnen ab.

Die Trauer ist nicht vergleichbar mit einer Krankheit wie etwa einer Erkältung, die mit der Zeit von selbst vorübergeht – sie bedeutet aktive Arbeit, die Sie selbst in Angriff nehmen müssen. Niemand kann Ihnen die Arbeit abnehmen, den Verlust anzunehmen, alte Gewohnheiten aufzulösen und neue Gewohnheiten zu entwickeln. Der Trauer können Sie nicht durch Drogen, Alkohol oder durch bloßes Abwarten entgehen: Sie will durchlebt sein.

Beim Arbeitsplatzverlust sind die Reaktionen in der Regel schwächer als beim Verlust eines geliebten Menschen, dennoch ähneln sich die Phasen der Trauer bei allen Trennungsprozessen. Nach Elisabeth Kübler-Ross, der weltweit bekanntesten Expertin in Sachen Trauerarbeit, gibt es vier Phasen der Trauerverarbeitung:

> Die Phase des Nicht-Wahrhaben-Wollens:
Diese Phase kann einige Stunden bis Monate andauern.
Die Betroffenen haben die Nachricht vom Katastrophenereignis erhalten, können sie aber gefühlsmäßig noch nicht nachvollziehen. Sie sind wie erstarrt, im Schock oder reagierten mit einem Gefühlsausbruch. In dieser Phase wird das Unabänderliche, etwa der Tod eines Nahestehenden oder der Verlust des Arbeitsplatzes, verleugnet. Typisch sind Äußerungen wie: »Das kann nicht wahr sein!« Betroffene haben das Gefühl zu träumen, wirken wie versteinert oder gefühllos. Hilfreich ist es in dieser Phase, wenn der Trauernde seine Gefühle äußert. Das Verbalisieren von Emotionen ist ein wichtiger Schritt für den Beginn der Trauerarbeit.

> Die Phase der aufbrechenden Gefühle

In einer traumatischen Situation wird der Mensch mit den verschiedensten Emotionen überflutet. Während diese in der ersten Phase noch unterdrückt oder abgespalten werden, tauchen sie nun in chaotischer Abfolge auf. In dieser Phase wechseln sich Gefühle der tiefen Verzweiflung, der Angst und Hilflosigkeit, der Einsamkeit, der Schuld, aber auch der Wut auf sich selbst oder seinen alten Arbeitgeber ab. Wie bei der Trauer kommt es auch bei der Wut darauf an, sie sich bewusst zu machen und ihr an einem geschützten Ort Ausdruck zu geben. Im Extremfall hat man den Eindruck, verrückt zu werden, weil man sich auf eine Weise erlebt, die dem gewohnten Selbstbild nicht entspricht. Gleichzeitig kann diese Phase mit massiven körperlichen Begleiterscheinungen einhergehen: mit Appetitverlust oder Fressanfällen, Durchfällen, Verstopfung, Ruhelosigkeit, Schlaflosigkeit, Erinnerungs- und Konzentrationsstörungen.

> Die Phase der Neuorientierung: Suchen, Sich-Finden und Sich-Trennen

In ihr finden sich die Trauernden langsam mit dem erlittenen Verlust ab. Sie denken an die schönen, aber auch an die enttäuschenden Erfahrungen, empfinden keinen starken Schmerz mehr und entwickeln ein neues Selbstwertgefühl. Ein Leitsatz dieser Phase kann lauten: »Mal sehen, was das Leben noch bringt.«

> Die Phase des neuen Selbst- und Weltbezugs

Die Betroffenen, die sich in der Trauer zurückgezogen haben, bewegen sich wieder auf andere Menschen zu. Im Gegenzug geben sie dafür den Schmerz immer mehr auf. Sie kehren zurück ins aktive Leben. Im Verlauf dieser letzten Phase können Aspekte der zweiten und dritten Phase vorübergehend wieder durchlaufen werden, etwa wenn sich die Erinnerung an den Verlust wieder belebt. Die Trauernden empfinden ein neues seelisches und körperliches

Gleichgewicht. Sie denken positiv, vielleicht auch ein klein wenig traurig an die Zeit vor dem Verlust und haben einen neuen Sinn im Leben gefunden, eine positive Einstellung zu sich, ihren Fähigkeiten und der Zukunft entwickelt. Die Wut, die sie auf Verhältnisse (oder das Schicksal) empfinden, verwandelt sich in positive Motivation. Der Leitsatz dieser Phase kann lauten: »Sie kriegen mich nicht klein. Jetzt erst recht.«

Die einzelnen Trauerphasen können sich überlappen, zusammenfallen und sich miteinander vermischen oder in anderer Reihenfolge verlaufen. Jeder muss jedoch diese einzelnen Phasen durchleben, wenn seine Wunde heilen soll und er sich einen neuen Lebenssinn aufbauen will. Die Phasen der Trauerverarbeitung verlaufen nicht kontinuierlich – es gibt dauernd Fortschritte und Rückschritte.

Wie beim Verlust eines geliebten Partners hängt die Schwere der Trauer beim Arbeitsplatzverlust im Wesentlichen von vier Faktoren ab:

> wie stabil und ausgeglichen Ihre Persönlichkeit ist,
> welchen emotionalen Stellenwert der Arbeitsplatz in Ihrem Leben hatte,
> wie unvorbereitet Sie die Kündigung traf,
> wie schnell Sie einen Ersatz finden – entweder in Form eines neuen Arbeitsplatzes oder einer Beschäftigung, die Sie ähnlich ausfüllt wie die frühere Arbeit.

Gerade wenn Arbeitnehmer, die schon über Jahrzehnte in einem Betrieb gearbeitet haben, von Kündigungen betroffen sind, geht mit dem Arbeitsplatzverlust nicht nur der Verlust einer Beschäftigung und der damit verbundenen Bestätigung einher. Der soziale Bezugsrahmen von vertrauten Arbeitskollegen zerbricht ebenfalls. Plötzlich zeigt sich, welch großen Stellenwert die Arbeit für Ihr persönliches Wohlbefinden hat, wie sehr Ihre Selbstwertschätzung von den Bestätigungen abhängt, die Sie am Arbeitsplatz bekommen, und in welchem Maß die Arbeit Ihrem Leben Sinn und Struktur gibt. Bei Massenentlassungen kann es jedoch auch tröstlich sein, dass man selbst nicht allein mit der Kündigung steht – die Kollegen sind ebenso betroffen.

Dass mit der Trauer eine Selbstwertkrise einhergeht, ist daher nur allzu verständlich. Sie kann sich in Grübeleien, depressiven Verstimmungen und einer resignativen Einstellung zum Leben im Allgemeinen äußern, etwa durch Fragen wie: Was tauge ich überhaupt noch? Habe ich etwa alles falsch gemacht? Bin ich nicht ein totaler Versager? Solche Selbstwertkrisen müssen vom Berater sehr ernst genommen werden, denn sie können das Beziehungsverhältnis zwischen ihm und seinem Klienten schwer beeinträchtigen – etwa wenn der Klient zu der Überzeugung gelangt, er sei die Mühe einer Beratung nicht wert. Dann fallen auch alle gut gemeinten Anregungen auf unfruchtbaren Boden – weil die innere Bereitschaft fehlt, das Gesagte aufzunehmen und in die Tat umzusetzen. In der Praxis wird so ein Fall jedoch eher selten auftreten, weil die Einwilligung in eine Beratung meist schon die Bereitschaft zur konstruktiven Auseinandersetzung mit der Kündigungssituation voraussetzt. Die meisten Arbeitnehmer empfinden allein die Tatsache, dass sie auf Kosten des alten Arbeitgebers für ihre zukünftige Karriere gecoacht werden, als Anerkennung ihrer bisherigen Leistungen, und das bewahrt sie vor dem Abrutschen in die tiefe Depression. Nichtsdestotrotz können Gefühle der Entmutigung und des mangelnden Selbstwerts während einer Beratung auftauchen – und dann sollten sie auch wahrgenommen und bearbeitet werden.

Um sich optimal in Ihre Lage einfühlen zu können, braucht der Berater eine ausgeprägte Einfühlsamkeit (Empathie) und die Fähigkeit zum aktiven Zuhören. Üblicherweise gehen wir davon aus, dass das Vorhandensein von zwei Ohren zum Zuhören ausreicht. Ob das Zuhören bloß formal, aufnehmend oder aktiv ist, hängt jedoch stark von der Aktivität des Zuhörenden ab. Beim aktiven Zuhören geht der Berater auf das ein, was der andere zwischen den Zeilen zum Ausdruck bringt, ohne dafür eigens Wörter zu benutzen. Tonfall, Stimmlage und Gesichtsausdruck spiegeln wider, wie dem Sprecher zumute ist. Der ganze Gefühlsanteil schwingt in einer Aussage mit, ohne dass jemand ausdrücklich Wörter verwendet, die seine emotionale Verfassung wiedergeben.

Im Arbeitsleben macht das Verstecken von Gefühlen einen Teil des professionellen Auftretens aus – im geschützten Raum einer Outplacement-Beratung haben Sie jedoch als Klient Gelegenheit, Ihren Emotionen freien Lauf zu lassen, ohne dass Sie das Gesicht verlieren. Ein geschulter Berater wird Ihren Gefühlen mit Offenheit und Mitgefühl begegnen, wenn sie an die Oberfläche dringen, und Sie gleichzeitig respektieren, wenn Sie die emotionale Seite nicht thematisieren und lieber mit der rationalen Analyse oder praktischen Arbeitsschritten beginnen wollen.

Es versteht sich von selbst, dass Sie nur dann von der Begleitung bei Ihrem emotionalen Prozess profitieren können, wenn sich zwischen Ihnen und dem Outplacement-Berater ein Vertrauensverhältnis gebildet hat.

Wenn Sie die verschiedenen Phasen der durch die Kündigung hervorgerufenen inneren Krise durchlaufen haben, werden Sie feststellen, dass dieser Prozess Sie innerlich hat reifen lassen und Ihr »inneres Standing« verstärkt hat. Sie wissen nun, dass Sie der Krise gewachsen sind und müssen dementsprechend weniger Angst vor einer erneuten Krise haben. Die Kündigung wird nun als normaler Einschnitt in der eigenen Berufsbiografie interpretiert. Dadurch verändert sich Ihre Ausstrahlung zum Positiven – Sie wirken selbstbewusster und ruhen mehr in sich. Genau das kann den Ausschlag geben, warum Sie bei der nächsten Bewerbung das Rennen machen.

Fallbeispiel: Karlheinz S., 51 Jahre, EDV-Manager

Karlheinz S. wurde mit Anfang 50 betriebsbedingt gekündigt. Dieses Ereignis erschütterte ihn in seinen Grundfesten, hatte er doch bis dahin angenommen, ihm als erfolgreichen EDV-Manager könne so etwas nie passieren.

Nach einer Facharbeiterlehre hatte er sich als Nachrichtentechniker weitergebildet, über die Abendrealschule seine Hochschulreife erworben und an einer Fachhochschule in Hamburg ein Diplom als Betriebswirt erworben.

Seine berufliche Karriere hatte er als Elektromechaniker begonnen. Bereits in den frühen 80er Jahren übernahm er die Datenbankorganisation und wurde Datenverarbeitungskoordinator in einem Produktionsbetrieb für Elektrogeräte. Ab 1986 arbeitete er als Leiter der EDV-Abteilung bei einer Einzelhandelskette, im Folgejahr wurde ihm zusätzlich die Logistik übertragen. Als tatkräftiger Macher setzte er viele Neuerungen bei betrieblichen Abläufen durch. Als das Unternehmen von einem amerikanischen Großunternehmen Anfang 2000 geschluckt wurde, musste die gesamte Führungsmannschaft gehen, darunter auch Karlheinz S..

Trotz hoher Abfindung (240.000 DM) war Herr S. zu Beginn des Outplacement-Trainings depressiv gestimmt. Obwohl er nach wie vor auf der Gehaltsliste stand, machte ihm die drohende Arbeitslosigkeit enorm zu schaffen. Entlassen worden zu sein sah er als Statusverlust, den er sich gegenüber Freunden und Bekannten kaum einzugestehen wagte.

Durch intensive Gespräche begriff Herr S., dass das Abschiednehmen jetzt seine vorrangige Aufgabe war. Für ihn war es eine ungewohnte Situation, sich gegenüber dem Berater in einer Weise zu öffnen, wie es unter Kollegen oder Vorgesetzten undenkbar wäre. Nach anfänglichem Befremden merkte Herr S. jedoch, welch erleichternde Wirkung seine »Geständnisse« hatten, und er begann die positiven Seiten seiner Situation deutlicher zu sehen. Auf

Anraten des Beraters fuhr er zusammen mit seiner Frau zunächst in Urlaub.

Danach wurden die Bewerbungsunterlagen optimiert und Vorstellungsgespräche trainiert. Da die Arbeit einen hohen Stellenwert für ihn besaß, war er auch bereit, Bundesland und Branche zu wechseln – bei seinem Qualifikationsprofil kein Problem. Auch seine Frau stimmte dem Umzug in ein anderes Bundesland zu, wenn sich nichts anderes finden ließe. Auch ihr war klar, dass sie an einem arbeitslosen Ehemann nicht viel Freude haben würde. Nach zwei Monaten hatte Herr S. eine neue Stelle gefunden – tatsächlich in einem anderen Bundesland und in einer anderen Branche, aber in vergleichbarer Position.

Sich in der neuen Position coachen zu lassen, hielt Herr S. für nicht notwendig. Er rief nach Monaten nur noch einmal bei seinem Berater an, um sich für dessen Anregungen zu bedanken und betonte dabei, wie sehr es ihm geholfen habe, einmal bewusst nach innen zu schauen. Sein knappes Resümee: »Hätte nie gedacht, zu was eine Krise gut sein kann.«

Analyse der persönlichen Situation nach der Kündigung

Oft verlieren Sie durch die emotionale Belastung der Kündigung den realistischen Blick auf Ihre eigene Situation. Damit ein Berater beurteilen kann, welche Zukunftsperspektiven Ihnen offen stehen, muss er sich über Ihre aktuelle Lebenssituation informieren: Wie sieht es in Ihrem Privatleben aus? Wer aus Ihrem Umfeld weiß von der Kündigung? Wie steht Ihre Partnerin/Ihr Partner zu einer möglichen beruflichen Veränderung? Wie gehen Sie gemeinsam damit um, dass Sie plötzlich viel Zeit in der gemeinsamen Wohnung verbringen? Welche Konflikte ergeben sich daraus? Inwieweit bringt die Kündigung finanzielle Engpässe mit sich?

In Einzelfällen kann es sich als sinnvoll erweisen, auch Familienmitglieder in die Beratung mit einzubeziehen, um den Prozess der Neuorientierung zu unterstützen.

Zentraler Bestandteil einer jeden Outplacement-Beratung ist die Aufarbeitung der Kündigungsursachen. Wo liegen die Gründe für die Trennung? Wo liegt der Anteil des Unternehmens? Welche Konflikte waren mit der Arbeit verbunden? Wie war das Verhältnis zu Vorgesetzten? Gehören Sie zu den Pechvögeln, die immer als Erste gekündigt werden?

Denn selbst wenn es zutrifft, dass eine betriebsbedingte Kündigung in erster Linie in Gründen außerhalb Ihrer Person liegt: Auch hier gibt es Freigestellte und solche, die weiterbeschäftigt werden. In jedem Einzelfall sollte der persönliche Anteil an der Kündigung geprüft werden. Insbesondere, wenn sich Kündigungserfahrungen wie ein roter Faden durch die Arbeitsbiografie ziehen, sind die Gründe in der Persönlichkeit zu suchen. In diesem Fall haben Sie die Chance, zusammen mit Ihrem Outplacement-Berater tief liegende Persönlichkeitsmuster aufzudecken und – eventuell mit weiteren externen Hilfen – zu bearbeiten.

Oft sind die vom Unternehmen angeführten Kündigungsgründe nicht die tatsächlichen Gründe und ebenso oft kann auch ein Gekündigter bezüglich der Gründe im Unklaren sein. Ein erfahrener Berater wird das erkennen und behutsame Schritte ergreifen, um die Wahrheit ans Tageslicht zu befördern – natürlich nur, wenn der Klient es ausdrücklich wünscht. Erst wenn hier »reiner Tisch« gemacht worden ist, können weitere Maßnahmen greifen.

In vielen Fällen stecken persönliche Machtkämpfe mit Vorgesetzten hinter einer Kündigung, die formal betriebsbedingt begründet wird.

Ebenso wie bei Liebesbeziehungen kann sich zwischen Kollegen oder in der Beziehung zu Vorgesetzten eine komplizierte Dynamik entwickeln, die erst rückblickend verständlich wird. Machtkämpfe werden oft verdeckt geführt – insbesondere, wenn die Führungskompetenz bei Ihrem Vorgesetzten oder auch Ihre eigene Führungskompetenz nicht ausreicht, um mit offenen Karten zu spielen. Dennoch hinterlassen auch verdeckt/nicht offen geführte Auseinandersetzungen kleine, aber eindeutige Spuren. Für die Aufarbeitung der Kündigungsgeschichte ist es notwendig, nachträglich die innere Struktur dieser Machtkämpfe zu begreifen, denn sie offenbart einen eigenen Persönlichkeitsanteil, der womöglich nicht integriert ist. Unterbleibt diese Auseinandersetzung, kann sich beim neuen Arbeitgeber dasselbe Drama mit anderer Personenbesetzung, aber bei gleichem Ausgang, wiederholen.

Für die Aufarbeitung der Kündigung ist es psychologisch sinnvoll, sie in den Kontext der gesamten Beschäftigung im Unternehmen zu stellen, das heißt in Zusammenhang mit den Gründen, warum man zu dem Unternehmen gegangen ist und den Erfahrungen, die man dort gesammelt hat. Dieses sollte nach einer mündlichen Klärung auch in schriftlicher Form festgehalten werden.

Was auch immer der Anlass für das Ausscheiden war: Der Entlassene muss sich über die wahren Ursachen im Klaren sein. Nur so kann er richtig reagieren, wenn beim ersten Vorstellungsgespräch die unvermeidliche Frage auf ihn zukommt: »Warum haben Sie Ihr Unternehmen eigentlich verlassen?« Wer in diesem Moment ins Stottern kommt, hat schon verloren.

Fallbeispiel: Peter B., 33 Jahre, Betriebswirt

Als Betriebswirt mit dem Studienschwerpunkt Marketing rutschte Peter B. nach Abschluss einer einjährigen Trainee-Maßnahme eher zufällig in die Abteilung Einkauf und Materialwirtschaft eines internationalen Unternehmens der Metallindustrie. Peter B. ist froh, trotz seines mit 18 Semestern etwas zu langen Studiums den Einstieg ins Berufsleben geschafft zu haben. Dass er sich eigentlich für eine andere Richtung interessiert und deshalb auch mit anderem Schwerpunkt studiert hatte, spielt für ihn erst einmal keine große Rolle mehr. Die Einarbeitung in das neue Aufgabengebiet macht ihm Spaß und er schätzt das Klima und die Kollegialität in »seiner« Firma.

Als nach einem Jahr das jähe Aus kommt – der Produktionsbereich, für den er als Einkäufer zuständig war, wird geschlossen –, steht Peter B. wie gelähmt da. Mit gerade mal zwei Jahren Berufserfahrung, davon eines als Trainee, fühlt er sich wie bei seiner ersten Bewerbung: Außer einem Endlos-Studium hat er nichts zu bieten, Berufserfahrung ist immer noch nur in Ansätzen vorhanden ... Außerdem keimt in ihm die Frage auf, ob Einkauf nicht doch nur eine gute, weil einfache Lösung war. Sollte er vielleicht noch einmal alles daran setzen, den Einstieg ins Marketing zu schaffen?

Völlig verunsichert geht er ins erste Orientierungsgespräch mit seinem Outplacement-Berater. Der macht ihm zunächst klar, dass seine Situation wesentlich besser ist, als er sie selbst einschätzt: Die lange Studienzeit ist begründbar mit der Tatsache, dass Peter B. sich sein Studium komplett selbst finanziert und deshalb ab dem dritten Semester einen Halbtagsjob inne hatte. Ein Traineeprogramm in einem namhaften internationalen Unternehmen absolviert zu haben, ist eine Zusatzqualifikation, die von Arbeitgebern gern gesehen wird. Immerhin: Ein Jahr Berufserfahrung ist besser als nichts.

Sehr ernst nimmt der Berater allerdings Peter B.s Zweifel, ob der Einkauf seine Fachrichtung bleiben soll, oder ob er sich jetzt nicht lieber in Richtung Marketing orientieren will. Obwohl das zweite Orientierungsgespräch bereits einige Indizien dafür liefert, dass Herr B. sich im Grunde eher im Marketing zu Hause fühlt, wünscht er sich Fakten, die ihn in seinem Entschluss bestärken. Deshalb unterzieht er sich einer Potenzialanalyse, die genau diese Vermutung bestätigt: Zu seinen Stärken zählt es, aktiv auf Menschen zuzugehen, sich selbst, aber auch Ergebnisse und Produkte zu »verkaufen«. Eher weniger stark ausgeprägt sind die Fähigkeit

*zu analytischem Denken und sein sportlicher Ehrgeiz in Verhand-
lungen.*

*Für Peter B. ist nun klar, dass er seine Kündigung als Wink des
Schicksals begreift und seinem beruflichen Werdegang noch einmal eine Wende geben will. Zusammen mit seinem Berater entwickelt er eine Argumentationsstrategie, die sowohl seine Unterlagen als auch seine Selbstpräsentation fürs Vorstellungsgespräch
durchzieht. Tatsächlich zeigt sich bei den Bewerbungsgesprächen,
dass seine Umorientierung immer wieder irritierte Nachfragen hervorruft, aber durch die selbstbewusste und glaubhafte Art, wie er
sie vertritt, kann er immer wieder Punkte sammeln. Nach knapp
drei Monaten hat er einen neuen Arbeitsvertrag in der Tasche:
Zwar konnte er seine Gehaltsvorstellungen nicht ganz realisieren;
die Aufgabe, die ihm in der Marketingabteilung eines mittelständischen Unternehmens angeboten wurde, ist aber so vielseitig und
bietet konkrete Entwicklungsmöglichkeiten, dass Peter B. guten
Gewissens zugreift.*

Potenzialanalyse, Standortbestimmung und Visionen

Die Potenzialanalyse setzt sinnvollerweise erst nach der Auseinandersetzung mit der Vergangenheit und der Klärung der gegenwärtigen Situation ein. Nun geht es um die Zukunft: Welche Potenziale stecken in Ihnen, welche kennen Sie schon und welche
harren noch der Entdeckung? Wohin geht die Reise und welche
Fähigkeiten schlummern in Ihnen? Ziel einer jeden Potenzialanalyse ist es, eine Schnittmenge zwischen Eignung, Neigung und den
Marktgegebenheiten zu finden.

In der Praxis arbeiten die Beratungsunternehmen mit verschiedenen Methoden. Zum einen kommen wissenschaftliche Per-
sönlichkeitstests (Intelligenz-, Persönlichkeits-, Konzentrations-,
Kreativitäts- und Apperzeptionstests) in Frage, zum Teil auch sol-

che, die von Unternehmen zur Mitarbeiter-Beratung verwendet werden. Bei diesen so genannten »Paper&pen«-Tests geht es darum, anhand der Zustimmung oder Ablehnung von bestimmten Aussagen mittels einer statistischen Berechnung Aussagen über Ihr Persönlichkeitsprofil zu gewinnen. Die Ergebnisse können weitgehend mit schon vorhandenen Selbsterkenntnissen übereinstimmen, aber auch Überraschungen in Form von unentdeckten Talenten und Neigungen oder Schwächen mit sich bringen.

Nicht immer deckt sich das Selbstbild mit dem, was die Tests zutage fördern, ebenso wenig, wie es identisch ist mit dem, was andere über einen denken – dem so genannten Fremdbild. Dieses Fremdbild durch Befragungen von Ihnen nahe stehenden Personen zu ermitteln, kann ebenfalls Bestandteil einer Outplacement-Beratung sein.

So kann Ihnen eine Beratung helfen, vorhandene »Deckungslücken« zu entdecken und eventuell zu schließen – etwa durch überfällige Korrekturen am Selbstbild. Wenn Ihr Selbstbild sich mit dem Eindruck verträgt, den Sie bei anderen hinterlassen, wirken Sie überzeugend. Psychologisch gesprochen verfügen Sie über Kongruenz.

Kongruent zu sein bringt nicht nur Vorteile beim Vorstellungsgespräch, es hilft auch am Arbeitsplatz, Konflikte zu vermeiden. Wann immer Sie feststellen, dass bestimmte Kollegen oder Vorgesetzte bei Ihnen schnelle und heftige aggressive Reaktionen hervorrufen, können Sie davon ausgehen, dass die Ursache dafür nicht nur in der Außenwelt liegt, sondern auch mit Ihrem Innenleben zu tun hat. Jeder Mensch hat »dunkle« Persönlichkeitsanteile, die ihm nicht bewusst sind und ihm deshalb an anderen um so unangenehmer aufstoßen. Viele »Feindbilder«, die auf Kollegen oder Vorgesetzte projiziert werden, haben ihre geheime Quelle in mangelnder Selbsterkenntnis. Das soll nicht heißen, dass Sie alle Fehler automatisch bei sich selbst suchen sollen – aber Sie sollten Konflikte am Arbeitsplatz unter diesem Aspekt prüfen. Gerade wenn Sie unsicher sind, was Ihre eigenen Anteile an einem Konflikt sind, ist die Resonanz durch einen unbeteiligten Dritten – in diesem Fall der Coach – eine gute Hilfe zur Selbstreflexion. Die Beratung kann Ihnen helfen, im Einzelfall eine gründliche Selbstprüfung vorzunehmen und Schwarzweißmalerei zu vermeiden.

Ebenfalls eingesetzt werden analytische Verfahren zur systematischen Ermittlung von Stärken und Schwächen. Dabei kann z.B. herauskommen, dass die Führungsposition, die Sie gerade verloren haben, sich ohnehin nicht optimal mit Ihren Fähigkeiten deckte, weil Sie in erster Linie ein Verkäufertyp sind. Oder es zeigt sich, dass Sie alle Eigenschaften mitbringen, um sich als Unternehmer selbständig zu machen – und sich dagegen mit den typischen Angestellten-Tugenden schwer tun.

Oft werden durch eine Potenzialanalyse genau die Schwächen erfasst, die auch bei der Kündigung eine Rolle spielen. Als Klient einer Outplacement-Beratung werden Sie ermutigt, sich mit diesen Schwächen zu konfrontieren und sie als Entwicklungspotenziale zu begreifen, anstatt sie in gewohnter Manier herunterzuspielen oder gar zu verleugnen.

Eine weitere Methode der Potenzialanalyse ist die selbst verfasste Berufsbiografie. Dabei lernen Sie Schritt für Schritt ein detailliertes Protokoll Ihres Werdegangs sowie aller Talente und Kenntnisse anzufertigen. Insbesondere, wenn Sie wenig Erfahrung mit systematischer Selbstreflexion haben, kann Ihnen diese Übung helfen, ein klareres Bild von sich selbst zu gewinnen und innere Konflikte, die sich wie ein roter Faden durch Ihr Berufsleben ziehen, besser zu verstehen. Ihnen selbst und dem Berater eröffnet eine solche Biografie unter anderem Einsichten darüber, ob und wann Sie bestimmte Lebensträume verwirklicht und - welchen Preis sie dafür bezahlt haben. Oder Ihnen wird klar, welche Lebensträume Sie durch die Entscheidung für eine bestimmte Stelle begraben haben – und plötzlich stellen Sie fest, dass Totgesagte länger leben. Die Beschäftigung mit brachliegenden, aber in der Vorstellung energetisierenden Träumen und Talenten baut nebenbei auch das beschädigte Selbstbewusstsein wieder auf.

»Mir war gar nicht klar, was ich alles kann.« Diesen Satz bekommen Outplacement-Berater oft zu hören. Immer wieder zeigt sich, dass auch gestandene Profis jegliches Gespür für ihre Fähigkeiten verlieren, sobald sie aus ihrer gewohnten beruflichen Umgebung herausgerissen werden. Unter dem Schock der Kündigung erscheinen ihnen sogar Stellenangebote unpassend, deren Anforderungen sie problemlos gewachsen wären. Oder es fällt ihnen auf Anhieb nichts ein, wenn sie gefragt werden, was sie eigentlich können. Doch die Beratungspraxis zeigt: Sobald der Schock nachlässt, kehrt die alte Vitalität zurück. Nur ist es manchmal so, dass die wieder erweckten Lebensgeister nicht mehr in die alten Flaschen zurückwollen.

Fallbeispiel: Corinna B., 39 Jahre, Pressesprecherin, promoviert

Corinna B. ist ausgebildete Gymnasiallehrerin für die Fächer Deutsch und Mathematik, hat aber nie in diesem Beruf gearbeitet. Nach Studium und anschließender Promotion findet sie den Berufseinstieg bei einer Werbeagentur. Von dort aus wechselt sie ins Lokalressort einer regionalen Tageszeitung, bevor sie im Alter von 35 Jahren den großen Karrieresprung macht: Sie wird die Leiterin der Abteilung Presse- und Öffentlichkeitsarbeit in einem traditionsreichen Unternehmen der Konsumgüterindustrie mit rund 6.000 Mitarbeitern.

Von Anfang an hat Corinna B. Schwierigkeiten, sich voll mit ihrer Aufgabe und dem Umfeld zu identifizieren: Zum einen eckt die eher feministisch orientierte Frau immer wieder mit dem Firmenchef an, der einen sehr patriarchalischen Führungsstil pflegt. Zum anderen steht sie mit ihrer persönlichen Meinung oft eher auf Seiten der Mitarbeiter, muss aber aufgrund ihrer Position die Arbeitgeberposition nach innen und außen vertreten. Auf der anderen Seite ist sie fasziniert davon, so weit oben angekommen zu sein, das entsprechende Ansehen wie auch Gehalt zu bekommen.

Nach vier Jahren, in denen sich der Konflikt mit dem Chef zu einem regelrechten Nervenkrieg zugespitzt hat und Frau B. auch erste gesundheitliche Folgen spürt, eskaliert die Situation: Die Trennung erscheint unausweichlich. Der Aufhebungsvertrag, in den sie erleichtert einwilligt, sichert ihr die Fortzahlung ihres Gehalts über sechs Monate bei sofortiger Freistellung und eine Outplacement-Beratung zu.

Die Beratung nimmt Corinna B. erst nach sechs Wochen auf, denn zunächst will sie Abstand gewinnen und sich regenerieren. Ihre Erwartung an den Coach ist eindeutig: Sie braucht Klarheit darüber, was ihre zukünftigen beruflichen Ziele sein können. Sie will für sich klären, welche Faktoren ihr wirklich wichtig sind: Sind es das Ansehen und das hohe Gehalt, oder doch eher eine Aufgabe, mit der sie sich identifizieren kann und ein Umfeld, in dem sie sich akzeptiert fühlt?

Mehrere Coaching-Gespräche und eine umfassende Potenzialanalyse fördern ein für sie selbst überraschendes Ergebnis zutage: Das Lehramt, ihre ursprüngliche Berufswahl, scheint eine geradezu ideale Tätigkeit für Corinna B. zu sein. Hier hakt der Berater nach: Welche Art von Lehrtätigkeit hat sie dabei im Sinn? Es stellt sich heraus, dass die Vorstellung, in einem Gymnasium mit Kindern zu arbeiten, nicht ihrem Ideal entspricht. Hingegen reizt es sie, in der Erwachsenenbildung tätig zu sein. Da sie den Gedanken, als Lehrerin zu arbeiten, zwar spannend, aber auch irritierend findet, gönnt sie sich noch einige Monate Bedenkzeit, bevor sie sich schließlich tatsächlich rund zehn Jahre nach Abschluss ihrer akademischen Ausbildung zum ersten Mal in den Schuldienst bewirbt. Und da ihr Bundesland gerade einen akuten Lehrermangel zu verzeichnen hat, kann sie mit Beginn des nächsten Schulhalb-jahres an einem Abendgymnasium einsteigen und Berufstätige unterrichten, die auf dem zweiten Bildungsweg ihr Abitur nachholen wollen. Die Tatsache, dass sie als Lehrerin ein deutlich geringeres Gehalt bezieht, wird ihrer Ansicht nach mehr als ausgeglichen durch ihre nun kalkulierbaren Arbeitszeiten sowie die großzügige Ferienregelung.

Interview mit Albert Blomert, Karriereberater beim Büro für Berufsstrategie

Wann wird die Potenzialanalyse eingesetzt?

Blomert: Wir setzen die Potenzialanalyse im Prozess der Orientierung ein, wenn es gilt, neue Möglichkeiten im Berufsleben sowie die eigenen persönlichen Spielräume neu zu entdecken. Dabei ist entscheidend, an welchem Punkt seines Weges sich der Klient befindet und also abgeholt werden muss, wenn er zu uns kommt. Im Einzelfall wird im Gespräch gemeinsam entschieden, ob das Verfahren eingesetzt wird. In der Regel ist das der Fall, wenn der Klient in seinem Orientierungsprozess bereits eine gewisse Verflüssigung seiner Vorstellungen über sich selbst und seine Fähigkeiten/Kompetenz erreicht hat. Dies passiert vor allem dann, wenn man viel über sich selbst nachdenkt, ohne einen neutralen Gesprächspartner zum Austausch zu haben. Für die meisten Klienten ist es dann schwierig, sich für eine bestimmte Möglichkeit zu entscheiden. Hier kann die Potenzialanalyse weiterhelfen.

Was bewirkt die Potenzialanalyse?

Blomert: Durch das Verfahren wird systematisch die Selbsteinschätzung des Klienten untersucht. Diese Messung erlaubt auf breiter Basis den Vergleich in den unterschiedlichen Dimensionen der Persönlichkeit mit relevanten Bezugsgruppen. Im Zentrum steht die berufsbezogene Persönlichkeit, so dass also z.B. eine Führungskraft an der Norm der Gruppe Führungskräfte gemessen wird. Dieser »fremde Blick« auf sich selbst, den das Verfahren bedingt, unterstützt den Klienten in seinem Orientierungsprozess, indem er strukturierend wirkt: Die in Fluss geratenen Vorstellungen über sich selbst und die eigenen Fähigkeiten und Talente gewinnen an Profil, unter Umständen erfahren sie auch eine neue Gewichtung durch den Außenvergleich. Die eigenen Stärken/Schwächen gewinnen an Kontur, möglicherweise werden Talente neu oder wieder entdeckt. Das Wissen über sich selbst wird tiefer und sicherer.

Welchen Stellenwert hat die Potenzialanalyse innerhalb der Outplacement-Beratung?

Blomert: Innerhalb der Outplacement-Beratung wirkt die Potenzialanalyse wie ein Katalysator. Sie erzeugt – zum richtigen Zeitpunkt eingesetzt – nach unserer Erfahrung einen Wendepunkt, indem sie selbstmotivierend wirkt. Das Erlebnis, sich selbst neu wahrnehmen zu können (vermittelt über die Selbstreflexion und den »fremden Blick« auf sich), setzt häufig ungeahnte Kräfte frei, die für das weitere Vorgehen bei der Suche nach dem neuen Job äußerst hilfreich sind. Der Stellenwert der Potenzialanalyse in der Outplacement-Beratung ist also nicht zu unterschätzen. Das Verfahren selbst bedarf allerdings der erfahrenen, professionellen Begleitung und der psychologisch geführten Interpretation der Testergebnisse. Auch die Wahl des richtigen Zeitpunktes für den Einsatz des Verfahrens in diesem Prozess ist von entscheidender Bedeutung.

Welche Methoden werden bei der Potenzialanalyse eingesetzt?

Blomert: Die PA ist ein systematisches Verfahren der Erhebung eines breit gefächerten Spektrums an Daten zur Person. Unser Schwerpunkt liegt im Bereich der Erhebung des Selbstbilds bzw.

unter Umständen auch des Fremdbilds der Person im Bereich Beruf. Der Beruf ist jedoch nur ein – wenn auch sehr wichtiger – Lebensbereich. Da wir im Orientierungsprozess aber gerade neue berufliche Horizonte erschließen wollen, erheben wir im ersten Schritt des Verfahrens, dem biografischen Interview, Daten über den gesamten Lebenslauf der Person. Im zweiten Schritt verwenden wir – fallweise spezifische – wissenschaftlich abgesicherte psychologische Tests. In der Regel kommen ein Typentest, ein allgemeiner Persönlichkeitstest und ein berufsbezogenes Persönlichkeitsinventar zum Einsatz. Je nach Fall setzen wir auch Interessentests oder einen spezifischen, differenzierten Leistungs-Motivations-Test ein. In einem dritten Schritt wird dem Klienten das psychologisch interpretierte Ergebnis des Tests im Gespräch dargelegt. Dabei ist uns wichtig, die Ergebnisse der einzelnen Tests möglichst transparent und anschaulich werden zu lassen. In der Regel findet etwa eine Woche später noch ein abschließendes Gespräch statt, in dem die neu gewonnene Einsicht in ihrem Stellenwert für den Orientierungsprozess geklärt und der Suchbereich neu bestimmt wird.

Konkrete Ziele neu definieren

Die Potenzialanalyse liefert Ihnen Grundlagen für eine systematische Karriereplanung. Dieser Schritt ist eine hilfreiche Maßnahme für alle, die sich in einem stets härter werdenden Arbeitsmarkt langfristig erfolgreich durchsetzen wollen. Wer keine festgelegte Karrierestrategie hat, muss sich nicht wundern, wenn es mit der Karriere nicht so läuft, wie man es sich vorstellt. Allein der Wunsch, Karriere zu machen, reicht auf keinen Fall aus. Ohne Plan kann das Karrierepotenzial nicht voll ausgeschöpft werden.

Zur Karriereplanung gehört die Festlegung von verfügbaren Ressourcen, zum Einsatz kommenden Mitteln und angestrebten

Zielen. Die Ziele und Maßnahmen müssen fixiert und schriftlich festgelegt werden. Das klingt wie eine Selbstverständlichkeit – aber in der Praxis wird jeder Wochenendeinkauf besser geplant als die eigene Karriere. Schön und gut: Die eigene Karriereplanung ist ein weit komplexeres Vorhaben und die Realisierung der Ziele hängt zum großen Teil von Faktoren ab, die man selbst nicht beeinflussen kann – zufälligen Begegnungen, gesamtwirtschaftlichen Konjunkturzyklen oder branchenabhängigen Zyklen von Angebot und Nachfrage bei bestimmten Qualifikationsprofilen. Aber diese Tatsache sollte keine bequeme Entschuldigung dafür sein, den planbaren Teil seiner Karriere zu vernachlässigen. Auch wenn die Pläne nicht hundertprozentig in Erfüllung gehen, geben sie doch eine Richtung vor und mobilisieren innere Kräfte zu ihrer Realisierung.

Was unterscheidet Ziele nun von Wünschen und Fähigkeiten, die in der Potenzialanalyse zutage gefördert werden?

> Ziele sind konkret und bildhaft. Wenn Sie zum Beispiel den Wunsch nach besserer Bezahlung haben, wird der Wunsch dann zum Ziel, wenn Sie diesen Wunsch zahlenmäßig beziffern. Oder wenn Sie sich eine bestimmte Hierarchieposition wünschen, wird der Wunsch zum Ziel, wenn Sie sich genau den Posten vorstellen, der Ihnen vorschwebt.
> Ziele sind durch eigene Aktivität erreichbar. Es führt ein klar benennbarer Weg dorthin.
> Bei Zielen gibt es genaue Kriterien, anhand derer man feststellen kann, ob das Ziel erreicht wurde oder nicht.
> Ziele haben einen Zeitrahmen, der festlegt, bis wann das Ziel erreicht sein soll.

Bewährt hat sich in der Zielarbeit die Methode der vorausschauenden Planung. Dabei werden die einzelnen Schritte nicht vom gegenwärtigen Zustand aus in die Zukunft geplant, sondern das zukünftige Ziel in Gedanken bereits als faktische Gegebenheit vorweggenommen. Vom erreichten Ziel aus werden die einzelnen Etappen und Zwischenergebnisse dann rückwirkend bis zum aktuellen Startpunkt definiert.

In der Zielfindungsphase heißt es Abschied von Illusionen nehmen, seine Grenzen anerkennen und sich auf das besinnen, was man wirklich will und was realistischerweise erreichbar ist. Die Ziele, die Sie mit Ihrem Outplacement-Berater festlegen, umfassen folgende Felder:

> Die berufliche Position/Hierarchiestufe, die Sie erreichen wollen: Diese sollte anhand der aktuellen Stellenausschreibungen genau definiert werden.
> Aufgabengebiete: Oft umfasst ein Stellenangebot mehrere Aufgabenschwerpunkte. Als Bewerber sollten Sie wissen, welche Schwerpunkte für Sie von besonderem Interesse sind.
> Branchen/Arbeitgeber: Auch hier sollte anhand der Potenzialanalyse und des bisherigen Lebenslaufs eine möglichst genaue Eingrenzung stattfinden.
> Außerberufliche Ziele: Viele Bewerber machen den Fehler, sich bei der Fokussierung auf eine neue Stelle wenig um ihre privaten und/oder familiären Belange zu kümmern. Nur wenn berufliche Ziele mit weiter gefassten Lebenszielen in Einklang stehen, kann die angestrebte Stelle Sie auf Dauer zufrieden stellen.

Die Erarbeitung von Zielen aus dem Fundus der eigenen Wünsche kann auch mit schmerzhaften Schritten verbunden sein – etwa, wenn sich herausstellt, dass die Realisierung eines Ziels zwangsläufig den Abschied von einem anderen Traum bedeutet oder ein neues Beschäftigungsverhältnis nur denkbar ist, wenn finanzielle Einbußen oder Imageverlust in Kauf genommen werden.

Grundsätzliche Fragen sind zu klären: Kann ein ehemaliger Konzernmanager sich auch mit einer Führungsposition im Mittelstand anfreunden? Oder kann ein ehemaliger Vertriebsdirektor es von seinem Selbstbild her verkraften, eine freiberufliche Tätigkeit für seinen Ex-Arbeitgeber auszuüben? Ist es einem Bewerber zuzumuten, eine Stelle im Ausland anzutreten?

Oft ist ein Stück harter innerer Arbeit mit der Herausarbeitung von Zielen aus dem oft weiten Feld der Wünsche verbunden. Aber erst wenn aus den Wünschen Ziele geworden sind, können diese aufgrund ihrer Klarheit eine innere Eigendynamik entfalten und Ihnen Flügel verleihen.

Immer wieder taucht bei Beratungen die Frage nach der Selbständigkeit auf. Eine selbständige Existenz erscheint dabei oft janusköpfig: Auf der einen Seite lockt die Aussicht, unter selbst gewählten Bedingungen günstigenfalls ein weit höheres Einkommen als durch abhängige Beschäftigung zu erzielen, auf der anderen Seite drohen Wegfall der sozialen Sicherheit und schwer abschätzbare Einkommensrisiken. Als Selbständiger ist man immer im Doppelsinn frei – im positiven wie im negativen. Um diese Spannung auszuhalten, bedarf es einer entsprechenden inneren Veranlagung – und es gehört zu den Aufgaben eines guten Outplacement-Beraters, das Vorhandensein dieser inneren Anlagen zu prüfen, wenn nach dem Trennungsschock der Wunsch nach Selbständigkeit auftaucht. Erfahrungsgemäß entwickelt etwa jeder Dritte Ambitionen in diese Richtung, aber nur die Hälfte besitzt entsprechende Charaktereigenschaften. Wird die mangelnde Befähigung zum Unternehmer nicht rechtzeitig erkannt, kann es für Betroffene schnell teuer werden, denn die meisten selbständigen Existenzen verursachen beträchtliche Anlaufkosten, die im Falle des Scheiterns verloren sind.

Fallbeispiel: Günther S., 52 Jahre, Betriebswirt

Mit dem Generationswechsel im Familienunternehmen, für das Günther S. seit sechs Jahren tätig ist, sind erhebliche Veränderun-

gen in der Organisationsstruktur verbunden. Hierarchien werden abgebaut, Strukturen verschlankt, verschiedene Geschäftsbereiche »outgesourct«. Der radikale Wandel macht auch vor Personen nicht Halt: Der neue Firmenchef setzt auf ein junges, dynamisches Team bis in die Führungsebene. Drei der bisher fünf Geschäftsleitungsmitglieder passen da nicht mehr ins Konzept und einer von ihnen ist Günther S., der für den Geschäftsbereich Controlling verantwortlich zeichnete.

Immerhin – der Junior zeigt sich großzügig: Um langwierige Streitigkeiten mit den Führungskräften, von denen er sich trennen will, zu vermeiden, werden diese gut abgefunden und erhalten zusätzlich das Angebot einer Outplacement-Beratung. Alle drei nehmen diese auch in Anspruch, wohl wissend, dass Bewerber jenseits der 50 ganz besondere Strategien anwenden müssen, um eine neue Festanstellung zu erringen.

Günther S. ist mit seinen 52 Jahren wirtschaftlich bereits sehr gut abgesichert. Er hat keinen ökonomischen Druck, sich schnell um einen neuen Arbeitsvertrag zu bemühen. Trotzdem steht für ihn fest, dass ein »Rückzug aufs Altenteil« noch nicht in Frage kommt. Er weiß allerdings auch, dass ihn die Vorstellung, in seinem Alter noch einmal den Neueinstieg in einem Unternehmen zu wagen, nicht besonders reizt.

Von Anfang an ist es deshalb sein Ziel, die Outplacement-Beratung zur Unterstützung beim Schritt in die Selbständigkeit zu nutzen. Ihm schwebt vor, sich als freier Berater und Projektmanager in seinem Spezialgebiet, dem Controlling, eine neue Existenz aufzubauen. Eine Potenzialanalyse bestätigt, dass Günther S. die dazu nötigen persönlichen Voraussetzungen mitbringt: Er ist offen und kommunikationsstark, hat gern mit fremden Menschen zu tun, kann Teams führen, ist sachorientiert und zielstrebig.

Auch er entwickelt mit Unterstützung seiner Beraterin ein Konzept für erfolgreiches Marketing in eigener Sache. Der Unterschied zu seinen Kollegen: Bei ihm besteht das Ziel nicht darin, einen neuen Arbeitsplatz zu erobern, sondern seine ersten Aufträge zu akquirieren. Die formulierten »Verkaufsargumente« bilden die Textgrundlage der ersten Werbemittel, die er produzieren lässt. Auf Anregung seiner Beraterin beginnt er nun auch mit aktivem Networking, indem er Kontakte, die er in den vergangenen Jahren zu Kollegen in anderen Unternehmen geknüpft hat, auffrischt. Denn er macht sich keine Illusionen darüber, dass der Weg zum ersten Auftrag und damit zur ersten Referenz nicht einfach sein wird und das persönliche Vertrauen des Auftraggebers voraussetzt.

Die ersten Wochen verlaufen ergebnislos, doch nach zwei Monaten zeigt sich ein Silberstreif am Horizont: Einer der früheren Kunden seines angestammten Unternehmens erteilt ihm einen Projektauftrag.

Die eigene Bewerbungsstrategie entwickeln und umsetzen – Ziele in Strategie verwandeln

Nach der Phase der inneren Neuorientierung kommt die Zeit für den nächsten großen Schritt: den eigenen Marktauftritt. Nun zeigt sich, was die Outplacement-Beratung in praktischer Hinsicht zu bieten hat. Im Gegensatz zur klassischen Beratungssituation, bei der die Umsetzung ganz auf Seiten des Klienten liegt, gehört sie hier mit zum Angebot. Das ermöglicht Ihnen als Klient eine direkte Erfolgskontrolle.

In den USA ist das Self-Marketing zur Selbstverständlichkeit geworden: »The Brand You« titelt beispielsweise das neueste Buch des amerikanischen Management-Gurus Tom Peters und das US-Magazin »Fortune« gibt unter der Rubrik »You Inc.« Karrieretipps. Auch hierzulande kommt das Selbst-Marketing allmählich in Mode.

Grundsätzlich gilt für alle Bewerbungen: Bei der Ansprache potenzieller Arbeitgeber sollte sich der Bewerber als Unternehmer seiner selbst verstehen und selbstbewusst seine Qualitäten und Fähigkeiten kommunizieren. Selbstbewusstsein ist während der Bewerbungsphase ein entscheidender Erfolgsfaktor. Dazu gehört auch ein Grundverständnis der Bewerbung als Angebot von Arbeitsleistung – statt als Bitte um Einstellung. Mit der Bittsteller-Haltung geraten Sie automatisch in die Defensive – und das gefährdet den Bewerbungserfolg von Anfang an.

Weiterhin ist ein grundsätzlicher Perspektivenwechsel bei der Bewerbung hilfreich. Wenn man als Jobsuchender Stellenanzeigen studiert, drängt sich einem schnell eine Maulwurfsperspektive auf, aus der die Welt aus lauter leistungsstarken, gut aufgestellten und wirtschaftlich erfolgreichen Unternehmen besteht, für die der beste Bewerber gerade gut genug ist. Wer hingegen dieselbe Szenerie aus der Vogelperspektive betrachtet, gewinnt ein ganz anderes Bild: Lauter Unternehmen aller Größenordnungen tummeln sich dort, die mit organisatorischen, personellen und wirtschaftlichen Schwierigkeiten kämpfen – oftmals sogar ums eigene Überleben. Wenn Sie sich diese Perspektive zu Eigen machen, fällt das selbstbewusste Auftreten nur noch halb so schwer – schließlich können Sie einen wertvollen Beitrag liefern, um dem Unternehmen bei der Lösung seiner Probleme behilflich zu sein.

Weiterhin sollten Sie sich klarmachen, dass nicht alle Unternehmen einheitliche Anforderungen stellen. Je nachdem, in welcher Entwicklungsphase sich ein Unternehmen befindet, sind unterschiedliche Charakterprofile bei den Managern gefragt. Das amerikanische Beratungsunternehmen Rudolph Dew & Associates unterscheidet drei Typen von Unternehmen:

> Aggressive Wachstumsunternehmen, die neue Märkte mit innovativen Produkten oder Dienstleistungen erschließen,
> Wachstumsunternehmen, die sich bereits einen Platz auf dem Markt erobert haben und ihn verteidigen oder ausbauen sowie
> reife Unternehmen mit hierarchischen Strukturen und etablierter Stellung in gesättigten Märkten.

85

Jeder dieser Unternehmenstypen bringt eine spezielle Managementkultur mit sich – deshalb tun sich Manager aus »reifen Unternehmen« oft schwer, wenn sie zu einem der beiden anderen Typen wechseln. Da sie an eher enge Verantwortungsspielräume gewöhnt sind, beklagen sie sich dort über ein Zuviel an Freiheit und Transparenz. Umgekehrt haben Manager aus aggressiven Wachstumsunternehmen Schwierigkeiten mit der Kontrolle und den disziplinarischen Vorgaben in reifen Unternehmen. Mitunter vollzieht sich auch ein Typwechsel innerhalb eines Unternehmens – und dann sind plötzlich andere Managereigenschaften gefragt.

Auch das kann ein Teil der Bewerbungsstrategie sein – herauszufinden, inwieweit der Charakter des Unternehmens, in dem Sie eine neue Stellung anstreben, zu Ihrer persönlichen Unternehmenssozialisation passt. Aufgrund seiner beruflichen Erfahrung im Umgang mit Unternehmen kann Ihnen ein Outplacement-Berater dabei wertvolle Hinweise geben.

Alle Bewerbungsschritte folgen in ihrer Logik der berühmten AIDA-Formel:

A = Attention (Aufmerksamkeit wird erzeugt)
I = Interest (Interesse wird geweckt)
D = Desire (Wunsch, zum Vorstellungsgespräch einzuladen, wird ausgelöst)
A = Action (Einladung erfolgt)

Wie die praktische Zusammenarbeit zwischen Klient und Berater genau aussieht, entscheidet sich von Fall zu Fall. Zum Beispiel kann es sich als sinnvoll erweisen, dass der Bewerber vorübergehend stundenweise einen eigenen Schreibtisch mit Computer und Telefon in den Räumen der Outplacement-Firma erhält, um anfallende organisatorische Aufgaben selbst in die Hand zu nehmen. In anderen Fällen – etwa bei Kandidaten mit handwerklichem Profil – wird der Berater allen »Schriftkram« weitgehend selber übernehmen.

Aktive Bewerbung – egal mit welcher Strategie betrieben – ist immer mit Rückschlägen und langwierigen Entscheidungsprozessen verbunden. Naturgemäß neigen Bewerber dazu, diese Rückschläge persönlich zu nehmen. Genau in dieser Situation kann der Outplacement-Berater gegensteuern, indem er die Rückschläge als unumgängliche Begleiterscheinung begreift und vermittelt. Das fällt ihm nicht einmal besonders schwer, denn in fremden Angelegenheiten eine Absage zu verkraften ist immer leichter als bei eigenen. Dementsprechend leichter ist es auch, das nötige Durchhaltevermögen zu entwickeln.

Exkurs: Alter muss kein Nachteil sein

Häufig wird bei gescheiterten Bewerbungen von Seiten der Unternehmen das Altersargument angeführt – obwohl laut einer Studie von Mühlenhoff & Partner nur circa ein Drittel der Unternehmen eine klare Alterspolitik verfolgt. Da bei älteren Bewerbern das Altersargument praktisch und bequem ist, wird es häufig vorgeschoben, um die tatsächlichen Abweisungsgründe nicht benennen zu müssen.

Bei den Bewerbern führt diese Praxis dazu, dass sie sich selbst für zu alt halten – obwohl sie den Anforderungen durchaus gewachsen sind. Das Alter nagt unnötigerweise am Selbstvertrauen. Dabei sind ältere Manager und Führungskräfte gegenüber jüngeren oft qualifizierter: Aufgrund ihrer größeren Erfahrung und Reife haben sie mehr Überblick und können leichter strategisch denken. Außerdem arbeiten sie häufig effektiver, verfügen über besseres Urteilsvermögen und soziale Kompetenz. Risiken bewerten sie sorgfältiger, die Loyalität gegenüber dem Arbeitgeber ist höher – etwa wenn ein Karrieresprung beim Konkurrenten lockt. Entgegen allen Vorurteilen sind gerade ältere Führungskräfte häufig belastbarer als jüngere, denn sie verfügen über eine reifere Persönlichkeit und mehr Erfahrung im Umgang mit Krisen.

Jedes Unternehmen sucht anpassungsfähige, innovative, belastbare und kommunikative Mitarbeiter. Das hat mit dem Alter nichts zu tun. Nur werden Stellenanzeigen in Zeitungen auf Kandidaten begrenzt, die Mitte bis Ende 30 sind. Um diese Hürde bei der Bewerbung zu umgehen, ist es wichtig, schneller zu sein und der offiziellen Ausschreibung der Position und damit der Profil-Formulierung zuvorzukommen, indem man z.B. über das persönliche Beziehungsnetz Kontakte zu potenziellen Arbeitgebern aufbaut und diese direkt anspricht. Doch zuvor sollte der Bewerber seine Chancen genau kalkulieren. Die Grundfrage lautet: Warum sollte der potenzielle Arbeitgeber gerade mich auswählen? Dabei spielen die Vorbildung, der persönliche Werdegang, das Know-how hinsichtlich Funktion und Branche sowie Unternehmensgröße und -struktur eine Rolle. Auch die Logik der beruflichen Entwicklung sollte analysiert werden. Generell gilt: Je höher der Platz innerhalb der Unternehmenshierarchie, desto größer die Bereitschaft, ein höheres Alter zu akzeptieren, wenn die Vorteile erkennbar sind.

Wer als älterer Arbeitnehmer das Ideal des lebenslangen Lernens wirklich verinnerlicht hat, wird sich bei der Neuorientierung auf dem Arbeitsmarkt nicht schwer tun. Lebenslanges Lernen beinhaltet fachliches Know-how ebenso wie geistige und körperliche Fitness. Und es bedeutet auch Offenheit und Neugier gegenüber neuen Kommunikationsmedien. Eines der Hauptargumente gegen ältere Job-Anwärter sind mangelnde PC-Kenntnisse. Diese können sich im Bewerbungsgespräch tatsächlich nachteilig auswirken, lassen sich jedoch bei entsprechender Motivation leicht erwerben.

Suchstrategien

Eine gut geplante Suchstrategie ist die Basis eines jeden Bewerbungserfolgs. Zusammen mit Ihrem Outplacement-Berater sollten Sie jetzt eine individuelle Strategie entwickeln. Die im Folgenden vorgestellten Strategie-Elemente müssen von Fall zu Fall verschieden gewichtet werden – je nachdem, wo Sie am meisten Hilfe brauchen. Generell gilt: Jede sich bietende Chance sollte genutzt werden – Stellenausschreibungen im Internet oder in der Zeitung, persönliche Beziehungen und Personalberater.

Andererseits sollte die Gefahr der Überbehütung vermieden werden. Auch für Outplacement-Hilfe gilt: So viel wie nötig, aber so wenig wie möglich.

Unabhängig davon, ob eine Stelle in einem Unternehmen vakant ist – für Sie als Bewerber ist es wichtig zu wissen, wer als Arbeitgeber für Ihr Qualifikationsprofil in Frage kommt. Die systematische Recherche umfasst alle in Frage kommenden Arbeitgeber – und nicht nur die, die mit Stellenanzeigen auf sich aufmerksam machen. Wie auch immer die weitere Strategie aussieht – durch diesen Schritt verfügen Sie über einen persönlichen Datenbestand, der einen Ausgangspunkt für alle weiteren Schritte bildet. Darin sollten nicht nur Kontaktinformationen enthalten sein, sondern möglichst umfassende Eckdaten von Unternehmen, aus denen sich im Idealfall das Bild einer ganzen Branche formen lässt.

Welche Firma als Arbeitgeber interessant ist, hängt dabei von Ihren Vorgaben ab, etwa von Ihrer Flexibilität, z.B. in geografischer oder branchenmäßiger Hinsicht. Je genauer und präziser die Zielvorstellungen definiert sind, desto klarer lässt sich eingrenzen, wer als potenzieller Arbeitgeber in Ihrem Fall in Betracht kommt.

Bei der Recherche liegen die Vorteile einer Outplacement-Beratung gegenüber einem Vorgehen auf eigene Faust auf der Hand: Zum einen kennt der Berater naturgemäß mehr Recherchefelder als Sie, weil diese Aufgabe zu seinem täglichen Brot gehört, zum anderen bringt er auch die nötige Zähigkeit mit, um die Recherche systematisch zu betreiben und nicht vorschnell aufzugeben. Zu den Standard-Recherchequellen gehören z.B.:

> der so genannte Hoppenstedt, ein klassisches Nachschlagewerk zu Firmendaten und -profilen (auch im Internet unter *www.firmendatenbank.de* zu finden);
> Firmenhomepages (dort gibt es meistens einen Menüpunkt für Stellenausschreibungen);
> Mitgliederverzeichnisse von Branchenverbänden;
> Fachmedien

Fallbeispiel: Roman Z., 53 Jahre, Betriebsschlosser

Roman Z. war als junger Mann von Polen nach Deutschland gekommen und hatte 30 Jahre lang als Betriebsschlosser in verschiedenen Chemiebetrieben gearbeitet. Durch eine bevorstehende Werksschließung war er als 53-Jähriger akut von Arbeitslosigkeit bedroht. Herr Z. verfügte über viel Erfahrung in seinem Berufsfeld, hatte sich aber während seiner Berufszeit kaum fortgebildet – mit Ausnahme eines Zertifikats als Kesselwärter, das ihm den kundigen Umgang mit hohen Sicherheitsstandards bescheinigte. Neue Berufsbilder wie z.B. das des Mechatronikers, der Anforderungen aus Mechanik und Elektrik bzw. Elektronik kombiniert, kamen für ihn zur Weiterbildung nicht in Frage, da ihm elektrischer Strom nach eigenem Bekunden »schon immer etwas unheimlich« war.

Da die mit der Outplacement-Firma vereinbarten Ziele jedoch eine 100-prozentige Weitervermittlung aller Klienten vorsahen, besorgte sich der Berater alle Adressen von in Frage kommenden Schlossereien, chemischen Unternehmen, Metall verarbeitenden Betrieben und anderen produzierenden Unternehmen im Umkreis von 50 Kilometern von Herrn Z.s Wohnort. Er optimierte dessen Bewerbungsunterlagen und setzte sich im Beisein seines Klienten ans Telefon, sprach mit den Personalleitern der Zielfirmen, bewarb mit Engelszungen Herrn Z.s Vorzüge (»Handwerkliches Geschick, Verlässlichkeit, hohe Loyalität, Berufserfahrung«) und vereinbarte Termine. Nach eineinhalb Tagen intensivster Vermittlungsbemühungen fand sich ein Arbeitgeber, der ihn zu ähnlichen Bedingungen wie früher einstellte.

> Stellenangebote in Zeitungen und Zeitschriften

Hier ist es wichtig, zunächst einmal die Medien zu ermitteln, in denen potenzielle Arbeitgeber inserieren. Zusammen mit dem Outplacement-Berater erstellen Sie eine Liste in Frage kommender Medien – die Auswertung übernehmen Sie dann gemeinsam mit Ihrem Outplacement-Berater. Wenn Sie ein Stellenangebot ermittelt haben, das zu Ihrem Profil zu passen scheint, sollten Sie vor der Bewerbung zusammen mit dem Berater selbst prüfen, inwieweit es Unstimmigkeiten gibt und ob die Bewerbung wirklich sinnvoll ist. Denn einerseits sollten Sie zwar keine Chance ungenutzt lassen, sich aber andererseits nicht verzetteln. Bei der Stellensuche sollte man eher auf Qualität als auf Quantität achten: sich also lieber intensiv mit der einzelnen Bewerbung auseinander setzen als viele Bewerbungen schreiben.

> Stellengesuche aufgeben und geschickt platzieren

Hier sind zwei Gesichtspunkte entscheidend: die Gestaltung und das Medium, in dem das Stellengesuch geschaltet wird. Unbedingt sollten Sie auf Folgendes bei der Gestaltung achten:

Ihr besonderes Profil muss deutlich zu erkennen sein. Oft sind Stellengesuche farblos und wirken austauschbar.

Allgemeinplätze und unseriöse Aufschneidereien sollten vermieden werden.

Auch die Größe sollte angemessen sein: Zu große oder zu kleine

Stellengesuche lassen den Schluss zu, dass der Bewerber sich über- bzw. unterschätzt.

Falls Sie noch nicht gekündigt worden sind (oder gekündigt haben), sollten Sie aus Sicherheitsgründen auf jeden Fall mit Chiffre-Anzeigen arbeiten. In allen anderen Fällen gilt: Für die Chiffre muss es einen triftigen Grund geben – ansonsten überwiegen die Vorteile schneller Kontaktaufnahme durch eine Telefonnummer.

Diese und weitere Tipps (etwa zur textlichen und grafischen Gestaltung Ihrer Bewerbungsunterlagen) erhalten Sie von Ihrem Outplacement-Berater.

> Das Internet als Rechercheinstrument und Stellenbörse

Grundsätzlich bietet das Internet zwei Wege zur Stellenrecherche: Stellenbörsen und Firmenhomepages.

Jobs im Internet finden Sie unter anderem unter folgenden Adressen:

www.stellenboerse.de
www.jobfind.de
www.jobscout.24.de
www.stellenmarkt.de
www.jobpilot.de
www.Stellenanzeigen.de
www.JobRobot.de
www.arbeitsamt.de
www.Stepstone.de
www.Jobsintown.de

Falls Sie es nicht ohnehin schon auf eigene Initiative versucht haben, hilft Ihnen der Outplacement-Berater auch bei der Internetrecherche. Durch die Eingabe der für Sie passenden Suchbegriffe lassen sich unter einer Vielzahl einschlägiger Adressen geeignete Stellenangebote finden – umso eher, je mehr der neue Arbeitsplatz in der Medien- oder Computerbranche gesucht wird. Via E-Mail können Sie auch direkt Kontakt zu Ihrem potenziellen Arbeitgeber aufnehmen. Manche Firmen führen auch Online-Bewerbungstests durch, die Sie sicherheitshalber unter fremder Adresse (etwa der der Outplacement-Firma) zur Probe studieren können.

Viele Firmen unterhalten auch eigene Stellenmärkte, die Sie von der Homepage der Firma aus per Mausklick erreichen können. Auch wenn Sie selbst schon frustrierende Erfahrungen beim Surfen gemacht haben oder sich von der Fülle der Angebote erschlagen fühlen – Ihr Outplacement-Berater weist den Weg durch den Online-Dschungel.

> Die eigene Homepage

Nahe liegend erscheint es, eine eigene Homepage mit dem persönlichen Profil ins Netz zu stellen. Diese elektronische Visitenkarte besitzt einige Vorteile:

Sie heben sich damit von der Masse der Bewerber ab.

Die Homepage zeigt, wenn sie professionell gemacht ist, den Willen und die Fähigkeit zum Selbstmarketing.

Eine Homepage ist ein Zeichen von außerordentlicher Eigeninitiative und belegt eindrucksvoll, dass Sie keine Scheu vor modernen Medien haben.

Allerdings sollten Sie auch die möglichen Nachteile erwägen:

Wenn Sie noch ungekündigt sind, könnte Ihr bisheriger Arbeitgeber Lunte riechen, dass Sie bereits eine Absetzbewegung planen. Das könnte wiederum Folgen für das Betriebsklima haben und für Sie einen Entlassungsgrund wegen innerer Kündigung darstellen.

Die Seite könnte gegenüber kleineren Arbeitgebern protzig wirken.

Eine Homepage zwingt Sie zur Festlegung und nimmt Ihnen damit die Möglichkeit, Ihr Profil je nach Empfänger durch gezielte Akzentuierungen auf bestimmte Anforderungen zuzuschneidern.

> Die Initiativbewerbung

Als Initiativbewerbung bezeichnet man ein Vorgehen bei der Stellensuche, bei dem der Bewerber bzw. der Outplacement-Berater »auf gut Glück« bei einer Firma nach einer passenden Stelle fragt. Ob ein solches Vorgehen in Ihrer Situation angebracht ist und wie man gegebenenfalls dabei am besten vorgeht, kann ebenfalls Beratungsgegenstand sein.

Initiativbewerbungen sind eine viel versprechende Strategie, weil der Bewerber dadurch aktiv eine Eigenschaft unter Beweis stellt, die ihm auch auf seiner Arbeitsstelle in spe abverlangt wird: Dinge selbständig in die Hand zu nehmen und nicht darauf zu warten, dass man aufgefordert wird, dringende Aufgaben zu erledigen.

Zudem ist die Konkurrenzsituation bei Initiativbewerbungen günstiger als bei Reaktionen auf Stellenausschreibungen, denn das Bewerberaufkommen zu einem gegebenen Zeitpunkt ist deutlich geringer. Ein weiterer Vorteil: Sie haben die Freiheit, Ihre Qualitäten ins rechte Licht zu rücken und sind nicht an Anforderungen der Stellenanzeige gebunden.

Oft erweist sich die Initiativbewerbung als Mittel der Wahl, wenn der Bewerber ein gemischtes Qualifikationsprofil hat, das nicht in die üblichen Schemata passt und die Konkurrenzsituation bei ausgeschriebenen Bewerbungen verschlechtert. Wenn es dem Kandidaten gelingt, sich einem Unternehmen als »Problemlösung« zu verkaufen, bevor es zur offiziellen Stellenausschreibung kommt, kann sich dieses Manko sogar als Vorteil erweisen.

Dem steht als Nachteil gegenüber, dass der potenzielle Arbeitgeber sich durch unaufgeforderte Angebote belästigt fühlen könnte. Für diesen Fall sollten Sie sich vergegenwärtigen, dass Sie bei Ihrem Vorgehen nichts zu verlieren haben – und immerhin ein Stück Klarheit auf Ihrer Suchlandkarte gewonnen haben.

Initiativbewerbungen sollten auf keinen Fall spontan und unvorbereitet wirken. Bei der telefonischen Kontaktaufnahme müssen Sie zeigen, dass Sie gut über das Unternehmen und seinen Markt informiert sind – nur so kann Ihr Gegenüber den Eindruck gewinnen, seine Firma sei »persönlich« gemeint. Hilfreich sind in dieser

Situation Kontakte zu Angehörigen des Unternehmens – egal auf welcher Stufe. Auch hier gibt es Tricks und Kniffe, auf die Ihr Out-placement-Berater Sie hinweist: So dürfen Sie als Bewerber etwa bei nicht ausgeschriebenen Stellen keinesfalls den Personalchef ansprechen, sondern sollten gezielt die Schlüsselperson, in deren Bereich Sie arbeiten möchten, kontaktieren.

Nach Schätzungen von Experten werden 15–20 Prozent aller Arbeitsplätze über Initiativbewerbungen erobert. Ob eine Initiativ-bewerbung in Ihrem Fall sinnvoll ist, wird sich im Laufe einer Be-ratung zeigen.

Nicht zu verwechseln mit der Initiativbewerbung ist die zu Recht so genannte Blindbewerbung, mit der verzweifelte Arbeitsplatz-Aspiranten oft ganze Branchen überschütten. Blindbewerbungen gehören zu den Fehlern, vor denen Sie ein Outplacement-Berater bewahrt.

Blindbewerbungen ist oft anzusehen, dass sie ungezielte Mas-senprodukte sind. Erst wenn ein Personaler erkennen kann, dass Sie sich wirklich mit dem Unternehmen auseinander gesetzt ha-ben, hat die Bewerbung eine Chance auf Erfolg. Ist das nicht der Fall, sind Bewerbungen die reinste Materialverschwendung, erhö-hen die Bewerbungsausgaben (Papier, Mappen- und Portokosten) und obendrein die Frustration.

Es gilt eben auch hier der Grundsatz: lieber Qualität als Quan-tität.

Fallbeispiel: Marianne M., 39 Jahre, Fachverkäuferin

Marianne M. arbeitet seit fünf Jahren in einem Stuttgarter Mode-haus. Als das traditionsreiche Geschäft mitten in der Innenstadt, in dem Marianne M. seit ihrem Wiedereinstieg nach einer längeren Erziehungspause in Teilzeit arbeitete, schließt, ist ihre größte Sorge, keinen neuen Arbeitsplatz zu finden, bei dem sie Kinder und Beruf so gut miteinander vereinbaren kann wie bisher. Denn sowohl ihre Arbeitszeiten als auch die Lage des Geschäftes ermöglichten es ihr, ihre beiden Kinder (8 und 10 Jahre) morgens in Ruhe für die Schule fertig zu machen. Die Nachmittage und Samstage hatte sie mit Hilfe ihres Ehemannes und einer ebenfalls berufstätigen Freundin mit Kind so organisiert, dass die Kinderbetreuung zu jeder Zeit sichergestellt war.

Beim Wiedereinstieg vor fünf Jahren hatte sich Marianne M. um Bewerbungsunterlagen und Selbstpräsentation keine großen Gedanken gemacht: Das Arbeitsamt hatte ihr bei der Erstellung einer Mappe geholfen, passende Stellenangebote waren ihr regelmäßig vorgelegt worden. Aus dieser Zeit ist Frau M. aber auch noch deutlich vor Augen, wie schwer es ist, eine adäquate Teilzeitstelle zu finden. Da sie diesmal nicht nur warten will, bis man ihr neue Angebote präsentiert, sondern möglichst ohne Unterbrechung direkt in einen neuen Job umsteigen möchte, nutzt sie das im Sozialplan enthaltene Angebot ihres alten Arbeitgebers, eine Outplacement-Beratung in Anspruch zu nehmen.

Da Frau M. ihren Beruf mag und gern weiter als Verkäuferin tätig sein möchte, steht hier die Entwicklung einer Strategie für eine Erfolg versprechende Initiativbewerbung im Vordergrund: Wenn die Teilzeitstellen nicht aktiv angeboten werden, wird sich Frau M. eben unaufgefordert als engagierte und fachkundige Verkäuferin vorstellen. Ihr vermeintliches Manko, nur in Teilzeit arbeiten wollen, wird jetzt argumentativ ins Positive gewendet: Zwar stehe Marianne M. nur 20 Stunden pro Woche zur Verfügung, bei deren Verteilung sei sie aber sehr flexibel. So scheue sie auch nicht die oft ungeliebten Abenddienste bis 20 Uhr. Außerdem unterstützt ihre Outplacement-Beraterin sie bei der Recherche nach Unternehmen, die für besonders flexible und familienfreundliche Arbeitszeitmodelle bekannt sind.

Frau M.s Strategie geht auf: Auf zehn Initiativ-Bewerbungen wird sie zu drei Gesprächen eingeladen. Da Marianne M. die Argumentation aus der schriftlichen Bewerbung auch für das Vorstellungsgespräch trainiert hat, gelingt es ihr, zwei Unternehmen zu einem Vertragsangebot zu bewegen. Letztendlich entscheidet sie sich für die Filiale eines großen Modehauses in einem Einkaufszentrum in der Nachbarschaft. Zwar liegt dort ihr Einstiegsgehalt leicht unter ihrem letzten Verdienst, da ihr die etwas kürzere Anfahrt im Vergleich zur City aber sehr entgegenkommt, nimmt sie die kleine Einbuße gern in Kauf.

> Persönliche Kontakte aktivieren
In fast allen Positionen baut sich durch die Berufstätigkeit nicht nur ein Beziehungsnetz innerhalb der eigenen Firma auf, sondern auch zu einem erweiterten Umfeld – zu Angehörigen von Mitarbeitern der eigenen Firma, zu Kunden und Dienstleistern, die dem eigenen Unternehmen zuarbeiten. Oft sitzt bei Gekündigten der Kündigungsschock so tief, dass sie das Potenzial dieses beruflichen Netzes nicht mehr erkennen können.

Im Zuge einer Outplacement-Beratung wird dieses Potenzial aufgedeckt und daraufhin untersucht, inwieweit die angestrebte Neupositionierung über das persönliche Beziehungsnetz verwirklicht werden kann. Der Vorteil dabei ist, dass der Bewerber innerhalb seines persönlichen Beziehungsnetzes kein unbeschriebenes Blatt ist, sondern seine Fähigkeiten bereits unter Beweis stellen konnte und somit über einen bestimmten Ruf verfügt, der mit der Kündigung nicht verloren geht.

Wenn Sie beginnen, mit Ihrem persönlichen Kontaktnetz zu arbeiten, empfiehlt sich bei telefonischer Kontaktaufnahme die sorgfältige Erarbeitung einer Gesprächsstrategie. Nichts wäre verfehlter als das plumpe »Mit-der-Tür-ins-Haus-fallen« durch eine direkte Frage nach einem Job. Klüger ist es, den Gesprächspartner nach einer kurzen Schilderung der eigenen Lage in eine Vorwärtsstrategie einzubinden, indem man die eigenen Zukunftspläne schildert.

Sinnvoll ist es auch, das Gespräch mit Fragen oder Feststellungen einzuleiten, denen Ihr Gegenüber wahrscheinlich zustimmt – das schafft eine Atmosphäre der Offenheit. Egal, wie verhalten die Reaktion Ihres Gegenübers auf Ihren Einstieg ausfällt – Sie sollten sich vor allem darauf konzentrieren, die Beziehungsebene zu pflegen, etwa durch aktives Zuhören, Verstärken, Danken für die Information. Je nachdem, wie viel Gefallen Ihr Gegenüber an dem Kontakt findet, haben Sie Spielraum für eine weitere Erörtung eines möglicherweise gemeinsamen Vorgehens. Zum Schluss sollten Sie sich offen halten, ein weiteres Mal anzurufen.

Bei schriftlicher Kontaktaufnahme sollten Sie sich – ähnlich wie bei einem Bewerbungsschreiben – um eine empfängergerechte Eröffnung und kurze, sachliche Darstellung Ihres Anliegens bemühen. Versetzen Sie sich in die Situation Ihres Gegenübers: Was würden Sie an seiner Stelle gerne lesen? Die Schriftform eignet sich auch gut zur Kombination mit der mündlichen Form – etwa wenn Sie am Ende des Briefes einen möglichen Anruf ankündigen.

Ansonsten gilt: Immer locker bleiben! Auch wenn der Kontakt zunächst ergebnislos ist – gewinnen Sie ihm die guten Seiten ab. Allzu zielgerichtetes Verhalten ist eher schädlich – auch eine lockere Plauderei hält Sie in angenehmer Erinnerung und kann sich irgendwann einmal auszahlen.

> Kontakte des Beraters nutzen
Gelegentlich sind Outplacement-Angebote Teil eines umfangreichen Firmenportfolios von Unternehmensberatungsfirmen, die auf Personaldienstleistungen aller Art spezialisiert sind. Da sich Outplacement-Beratung und Headhunting unter Umständen ergänzen, können Outplacement-Klienten auch mit Hilfe eines firmeneigenen Beratungsnetzwerks vermittelt werden. Für Sie als Klienten kann das den Vorteil einer besonders schnellen Vermittlung haben, aber auch den Nachteil, von Anfang an nicht neutral beraten zu werden – etwa weil man Sie schon vorab für eine bestimmte Stelle

auserkoren hat. Schließlich verdient das Unternehmen an der hausinternen Vermittlung doppelt.

In jedem Fall können Sie davon ausgehen, dass Ihr Outplacement-Berater durch eine Netzwerk-Kooperation mit einigen seiner Kollegen verknüpft ist. Auch dadurch können Synergieeffekte entstehen – z.B. wenn bei der Recherche ein Berater auf eine freie Stelle aufmerksam geworden ist, die zwar sein Klient nicht bekommen hat, die aber ebenfalls zu dem Klientenprofil eines Kollegen passen kann.

Außerdem verfügen Outplacement-Berater in der Regel über gute Kontakte zu den Personalabteilungen der Unternehmen, die sie beauftragt haben, und erfahren auf diese Weise von mancher vakanten Stelle, bevor sie ausgeschrieben wird.

> Personalvermittlungen einschalten
Die Inanspruchnahme einer Outplacement-Beratung und die Einschaltung einer Personalvermittlung schließen sich keinesfalls aus. Wenn das Profil eines Bewerbers das Interesse eines Headhunters weckt, sollte auch diese Chance genutzt werden – wobei sich in diesem Fall der Coach im Hintergrund halten sollte. Ansonsten könnte der Eindruck entstehen, der Kandidat sei unselbständig und brauche einen Steigbügelhalter. Headhunting – in der Fachsprache auch »direct search« genannt – ist eine Suchmethode, die sich auf dem Arbeitsmarkt für Führungskräfte immer mehr durchsetzt. Früher waren es nur Top-Positionen, die auf diese Weise vermittelt wurden, mittlerweile liegt die Einstiegsgrenze bei einem Jahreseinkommen von 60.000 Euro.

Die perfekte Bewerbungsmappe konzipieren (lassen)

Das Erstellen von Bewerbungsmappen gehört zu den Standarddienstleistungen von Outplacement-Beratern. Gerade wenn der Zeitpunkt Ihrer letzten Bewerbung schon ein oder mehrere Jahrzehnte zurückliegt, sollten Sie unbedingt professionelle Hilfe in Anspruch nehmen, denn seit dieser Zeit haben sich die formalen Ansprüche an Bewerbungsunterlagen deutlich erhöht. Eine mit der Schreibmaschine verfasste Bewerbung wirkt heutzutage hoffnungslos altmodisch und zeigt, dass Sie in Ihrer Entwicklung stehen geblieben sind. Besonders wenn Sie sich bei ausländischen Unternehmen bewerben, sollten Sie die Formalitäten kennen, mit denen man sich im Ursprungsland des Unternehmens bewirbt.

Für das Anschreiben gilt: persönliche Adressaten ermitteln, niemals mit »Sehr geehrte Damen und Herren« beginnen – das wirkt wie eine lieblose Geste, mit der Sie Ihr Desinteresse bekunden. Bei Stellenanzeigen sollte man immer Bezug auf den Anzeigentext nehmen – nur so fühlt sich der Adressat ernst genommen.

Zum Lebenslauf in Kürze: Generell unterscheidet man zwischen dem chronologischen und dem funktionalen Lebenslauf. Bei Letzterem steht die Zusammenfassung der beruflichen Erfahrung, der ausgeübten Funktionen und der erworbenen Fähigkeiten am Anfang, erst dann werden die beruflichen Stationen benannt. Der chronologische Lebenslauf existiert in einer deutschen und einer angelsächsischen Variante. In der zweiten Form, die sich auch in Deutschland immer mehr durchsetzt, beginnen Sie mit der Jetztzeit und gehen dann auf der Zeitachse zurück; bei der herkömmlichen deutschen Form verfahren Sie genau umgekehrt.

Besondere Aufmerksamkeit verdient Ihr Foto, weil es eine augenblickliche emotionale Reaktion bei Ihrem Gegenüber hervorruft. Und die kann den Ausschlag geben, denn Einstellungsentscheidungen sind nicht nur rationale Prozesse. Auch bei gleicher oder sogar schlechterer Qualifikation kann sich ein Arbeitgeber bzw. Personalentscheider für einen Mitbewerber entscheiden, weil ihm das Gesicht, das ihm vom Bewerbungsbogen entgegenlächelt, schlichtweg besser gefällt. Auch wenn mittlerweile wissenschaftlich erwiesen ist, dass die ersten Eindrücke oft täuschen – für die meisten Personalentscheider geben sie den Ausschlag.

Da vier Augen mehr sehen als zwei, kann es hilfreich sein, wenn Outplacement-Berater die Bewerbungsfotos begutachten. Doppelkinn? Ist der Blick verschleiert? Schiefes Lächeln? Unpassende Krawatte? Zu großes oder zu kleines Format? Weg damit. Erst wenn beide Seiten zufrieden sind, kommt die Aufnahme für die Bewerbungsmappe in Frage.

Als effektive Methode, mit einer Bewerbung mehr Aufmerksamkeit zu erzielen, bietet sich die so genannte Dritte Seite an. Sie enthält – etwa unter einer verheißungsvollen Überschrift wie: »Was Sie sonst noch von mir wissen sollten« – eine besondere, persönlich formulierte Botschaft, die Ihr besonderes Interesse oder Ihre besondere Qualifikation bezüglich der angebotenen Stelle aufzeigen soll. Allerdings sollte der Text weder übertrieben prahlerisch daherkommen noch sich in Aufzählungen erschöpfen.

Bei Zeugnissen in der Anlage gilt die Grundregel: immer nur die beiden höchsten Ausbildungsabschlüsse belegen – als Promovierter also beispielsweise kein Abiturzeugnis. Für Arbeitszeugnisse gilt Ähnliches: Nur die drei aktuellsten Zeugnisse sind von Interesse. Ausbildungen bei privaten Bildungsträgern gehören nur dann in die Mappe, wenn sie sich auf die angebotene Tätigkeit fachlich beziehen.

Bei den Bewerbungsdokumenten kommt es nicht nur auf die Inhalte an. Jedes formale Detail zählt – auf welchem Papier, in welcher Schrift, mit welchem Layout die Information präsentiert wird. Für den grafischen Auftritt gilt derselbe Grundsatz wie für Ihre Kleidung: Dezent und elegant sollte er sein, nicht übertrieben papageienhaft, aber durchaus mit der kleinen eigenen Note.

Ihr potenzieller Arbeitgeber lernt zunächst nichts anderes von Ihnen kennen als die Bewerbungsunterlagen. Auf dieser Grundlage macht er sich ein umfassendes Bild Ihrer Person. Ähnlich wie bei Arbeitszeugnissen gibt es in den Personalbüros bestimmte Lesarten von Bewerbungsmappen – und die sollten Sie kennen, bevor

Sie ahnungslos in die Falle tappen. Auch hier kann Ihnen ein erfahrener Outplacement-Berater mit Insider-Tipps helfen.

Mittlerweile sind eine Reihe von Bewerbungsratgebern erschienen, in denen Sie detaillierte Anleitungen zur Erstellung von Bewerbungsmappen erhalten. Auch wenn die dort erteilten Ratschläge in der Regel wertvoll und brauchbar sind, erhalten Sie auf dem Do-it-yourself-Weg kein professionelles Feedback bezüglich ihrer Umsetzung.

Das aber gehört zu den Aufgaben eines Outplacement-Beraters. Hinzu kommt, dass die Outplacement-Firma auch die technische Herstellung der Mappe übernimmt bzw. Sie dabei unterstützt. Denn eines steht fest: Je professioneller die Bewerbungsmappe, desto größer Ihr Wettbewerbsvorteil.

Fallbeispiel: Klaus W., 45 Jahre, technischer Geschäftsführer

Klaus W. besuchte auf eigene Initiative die Outplacement-Beratung mit dem Ansinnen, seine Bewerbungsunterlagen mit professioneller Hilfe zu überarbeiten. Seine Geschichte: Nach einem Maschinenbaustudium mit anschließender Promotion hatte er sich zum technischen Geschäftsführer in der KFZ-Zulieferindustrie hochgearbeitet und war damit der Hauptverantwortliche für die Produktentwicklung. Mit einem neu eingestellten kaufmännischen Geschäftsführer überwarf er sich binnen kurzem. Die beiden waren aus völlig verschiedenem Holz geschnitzt: Herr W. galt als führungsstark aufgrund seiner Fähigkeit, Mitarbeiter durch seinen Enthusiasmus mitzureißen und kollegial zu motivieren. Der andere Geschäftsführer hingegen war eher ein Offizierstyp, der sich durch einen distanzierten und autoritären Führungsstil auszeichnete.

Zum Streit kam es über ein Software-Programm, bei dem der

kaufmännische Leiter einen anderen Anbieter bevorzugte als Herr W. Dieser verlor den Kampf, da sein Kontrahent auch vor unlauteren Methoden nicht zurückschreckte und ihn bloßstellte. Herr W. musste gehen. Dummerweise machte er den Fehler, einen Aufhebungsvertrag zu unterschreiben – wodurch er sich freiwillig eines Teils seiner Rechte beraubte. Da er sich mit den Firmeninhabern gut verstand, bekam er einen Auffangposten bei einer Tochterfirma mit einem Zweijahresvertrag, der schon zur Hälfte abgelaufen war, als Herr W. die Outplacement-Beratung aufsuchte.

Die Bewerbungsunterlagen waren in der anfänglichen Form wenig überzeugend und wirkten ungelenk – ihnen war anzusehen, dass Herr W. sich schon jahrzehntelang nicht mehr beworben hatte. Nachdem seine Selbstdarstellung überarbeitet und auf den neuesten Stand gebracht war, wandte er sich mit seinen Bewerbungsunterlagen an einen weltweit aufgestellten Konzern mit breiter Geschäftsfeldstreuung, der auch in der angestammten Branche von Herrn W. operierte. Er erhielt eine Einladung zum Vorstellungsgespräch und wurde gleich im ersten Anlauf eingestellt – so dass er den Übergangsposten beim alten Arbeitgeber von sich aus kündigen konnte. Als der Berater sich einige Wochen später bei Herrn W. telefonisch nach seinem Wohlergehen am neuen Arbeitsplatz erkundigte, kam prompt die Antwort: »Hier läuft alles bestens. Aber ohne Ihre Hilfe bei den Bewerbungsunterlagen hätte ich den Job nie bekommen.«

Coaching für die mündliche Selbstdarstellung

In der Regel führen 80 bis 120 Kontakte zu rund einem Dutzend Vorstellungsgesprächen. Arbeiten Sie mit einem Outplacement-Berater zusammen, dürfen Sie mit einer deutlich höheren Quote rechnen. Doch egal ob bei der telefonischen Kontaktaufnahme oder später im Vorstellungsgespräch: Nur wer sich wirkungsvoll verbal präsentieren kann, wird nachhaltigen Erfolg haben. Wenn Sie eine Einladung zum Vorstellungsgespräch erhalten haben, haben Sie bereits die erste Runde gewonnen. Jetzt kommt es darauf an, dass Sie den Vorsprung nicht verspielen. Erst eine gute Vorbereitung ermöglicht es Ihnen, sich offen und spontan zu zeigen. Wenn Sie genügend Selbstvertrauen haben, können Sie sich in einem Bewerbungsgespräch auch mal Ihres »Schutzschildes« entledigen – und das ermöglicht dem Gegenüber, Vertrauen zu Ihnen aufzubauen. Solange Sie sich als Bewerber wie ein Prüfling verhalten, der Leistungen erbringen muss, oder innerlich Ihr Gegenüber gar als »Feind« empfinden, verfehlen Sie den wesentlichsten Punkt, auf den es beim Bewerbungsgespräch ankommt: Sympathie und Persönlichkeit. Als Persönlichkeit werden Sie dann nur wahrgenommen, wenn Sie dem Gegenüber in Augenhöhe begegnen können. Das ist nicht immer eine leichte Aufgabe – umso wichtiger ist die prophylaktische Arbeit an der inneren Einstellung.

Gerade bei Führungskräften wird seitens der Unternehmen häufig moniert, dass sie sich zu konform verhalten – denn was den Führungserfolg ausmacht, ist gerade die natürliche Autorität, die mitunter Regelverletzungen bewusst in Kauf nimmt. Zweifellos ist es keine ganz einfache Aufgabe, mit der paradoxen Anforderung fertig zu werden, zugleich Loyalität (und damit auch Anpassungsbereitschaft) unter Beweis zu stellen und sich als eigenständige Person zu profilieren. Aber genau das ist es, was von Ihnen verlangt wird.

Laut Umfragen unter Personalentwicklern kommt es beim Vorstellungsgespräch zu 60 Prozent auf die Bewertung Ihrer Persönlichkeit an, zu 30 Prozent auf Ihre Leistungsmotivation und nur noch zu 10 Prozent auf Ihre fachliche Qualifikation – denn ohne von Letzterer überzeugt zu sein, hätte das Unternehmen Sie bestimmt nicht eingeladen.

Daher wird die Vorbereitung auf Vorstellungsgespräche bei der Outplacement-Beratung sehr ernst genommen. Wenn Sie zu Beginn eines Vorstellungsgesprächs angespannt und nervös sind, gilt das als normal und akzeptabel. Aber wehe, Ihnen steht der Schweiß auf der Stirn! Das gilt als Zeichen von Schwäche. In diesem Fall können mentale Techniken zur Beruhigung und Konzentration im Rahmen der Vorbereitung eingesetzt werden.

Doch selbst wenn Sie sich für einen begnadeten Selbstdarsteller halten, gibt es dabei vielleicht das eine oder andere zu lernen – denn zu viel und zu offen zur Schau gestelltes Selbstbewusstsein kann ebenso nach hinten losgehen wie mäuschenhafte Schüchternheit. In Ihrem Coach finden Sie ein wohlwollendes Gegenüber, mit dem Sie den Ernstfall proben können – solange, bis die mündliche Selbstdarstellung für die Kurzpräsentation und das Vorstellungsgespräch richtig sitzt.

Sind Sie sympathisch? Wirken Sie echt? Machen Sie einen Vertrauen erweckenden Eindruck? Haben Sie eine positive Ausstrahlung, die sich günstig auf das Betriebsklima auswirkt? Wie steht es um Ihre Anpassungs- und Teamfähigkeit? Haben Sie den richtigen »Stallgeruch« für das Unternehmen? Mit welcher inneren Einstellung stehen Sie zu Ihrer Arbeit? Können Sie sich mit dem Unternehmen identifizieren? Und sind Sie den anfallenden Aufgaben gewachsen? Das alles sind Fragen, um die es bei einem Vorstellungsgespräch geht.

In einer Outplacement-Beratung haben Sie Gelegenheit, sich per Rollenspiel auf die Vorstellungssituation vorzubereiten. Fast alle Outplacement-Firmen arbeiten auch mit Videotrainings, die auf unbestechliche Weise Stärken und Schwächen des persönlichen Auftritts dokumentieren – damit Sie schon vorher wissen, wie Sie auf den Einsteller wirken.

Zu einer guten Vorbereitung gehören darüber hinaus:

> die Kenntnis der Eckdaten des Unternehmens,
> nicht zu spät zu kommen (am besten machen Sie eine Probeanfahrt, damit Sie genügend Zeit einplanen),

> nicht zu früh zu kommen (das verrät Unsicherheit),
> innere Einstimmung auf den Geist des Unternehmens sowie
> angemessene Kleidung (dezent, schlichte Eleganz).

Outplacement-Berater sollten jeden einzelnen Punkt mit Ihnen durchgehen, damit bei einem Vorstellungsgespräch, von dem Ihre berufliche Zukunft abhängt, nichts dem Zufall überlassen bleibt.

Wenn Sie dann im Büro der einstellenden Person angekommen sind, beginnt die eigentliche Bewährungsprobe. Jetzt kommt es darauf an, dass Sie sich rhetorisch gut präsentieren und auf die üblichen Fragen überzeugende Antworten haben. Schon die Art und Weise der Begrüßung prägt den berühmten ersten Eindruck: Lächeln Sie Ihr Gegenüber freundlich an, schauen Sie ihm direkt in die Augen und stellen Sie sich mit deutlich vernehmbarer Stimme vor. Den Interviewer namentlich anzusprechen bringt immer Pluspunkte – alle Menschen hören ihren eigenen Namen gern.

Mit den folgenden Fragen bzw. Aufforderungen sollten Sie unbedingt rechnen:

> Erzählen Sie uns etwas über sich!
> Warum wollen Sie sich verändern?
> Warum haben/wurden Sie gekündigt?
> Warum bewerben Sie sich für diese Position?
> Warum halten Sie sich für den/die Richtige/n?
> Was erwarten Sie sich von uns/dem Job?
> Wie lange wollen Sie in unserem Unternehmen bleiben?
> Wie schätzen Sie die Zukunft unserer Branche ein?
> Was sind Ihre Stärken/Schwächen?
> Welche weiteren Zukunftspläne haben Sie?
> Was können Sie besonders gut?
> Wodurch haben Sie zum Erfolg Ihres alten Arbeitgebers beigetragen?

> Wie verbringen Sie Ihre Freizeit?
> Welche Fragen haben Sie an uns?

Jede dieser Fragen hat einen Hintersinn, den Sie zusammen mit Ihrem Outplacement-Berater zur Vorbereitung auf das Vorstellungsgespräch vorab klären sollten, damit Ihnen im Zweifelsfall die passende Antwort fließend von den Lippen geht. So ist es zum Beispiel bei der ersten Aufforderung (»Erzählen Sie uns etwas über sich!«) eher ungeschickt, mit einer Gegenfrage zu antworten (»Was wollen Sie wissen?«). Das führt beim Gegenüber eher zu Irritationen und verschlechtert die zwischenmenschliche Atmosphäre.

Die genannten Fragen sind die am häufigsten gestellten – darüber hinaus können Sie zur Ausbildung, zum beruflichen Werdegang, zu Ihrem persönlichen, familiären und sozialen Hintergrund, sogar zu Ihrer Gesundheit detailliert befragt werden. Machen Sie sich darauf gefasst: Bei einer Bewerbung werden Sie von Kopf bis Fuß durchleuchtet – und auf je mehr Fragen Sie gefasst sind, desto leichter wird Ihnen die überzeugende Antwort fallen. Je überzeugender Ihre Antwort auf eine Frage ausfällt, desto eher bleiben Sie von Nachfragen verschont – es sei denn, Sie haben tatsächlich Neugier geweckt, dann können Sie Nachfragen als Pluspunkte verbuchen.

Immer kommt es darauf an, auch Nachteiliges auf eine positive Weise darzustellen. Mit Hilfe Ihres Outplacement-Beraters entwickeln Sie Strategien, weniger rühmliche Punkte in Ihrem Lebenslauf zu »verkaufen« und Ihren bisherigen Werdegang als logisches Aufeinanderfolgen darzustellen. Dazu gehört besonders die Darstellung der aktuellen Kündigung – denn niemand wird Sie einstellen, wenn Sie an diesem Punkt nicht mit einer überzeugenden Erklärung aufwarten können.

Der persönliche Auftritt bei der Bewerbung muss vor allem authentisch sein. Unbedingt sollten auch kleine Fehler und Schwächen eingeräumt werden – denn niemand ist so unglaubwürdig wie einer, der sich als Inbegriff des Makellosen präsentiert. Die Kunst des authentischen Eindrucks liegt darin, Schwächen weder offen zu zeigen noch einfach zu übergehen. Sie sollten den Eindruck vermitteln, Ihre Schwächen zu kennen und sie gleichzeitig souverän und spielerisch im Griff zu haben.

Bei allem schauspielerischen Talent, das Ihnen die Bewerbung abverlangt, sollten Sie sich fragen, ob das Bild, das Sie von sich entwerfen, tatsächlich in der Realität Bestand hat. Einem aufmerksamen Beobachter zeigen sich eventuelle Diskrepanzen an wahrnehmbaren Unstimmigkeiten zwischen Körpersprache und Aussage oder bei Widersprüchen zwischen der Schilderung des Privatlebens und den für das Berufsleben genannten Zielsetzungen.

Die Unstimmigkeiten greift ein erfahrener Outplacement-Berater in der Vorbereitungszeit auf und hinterfragt sie, um Klarheit hinsichtlich der wirklichen Motive zu gewinnen. Im Gegensatz zum realen Vorstellungsgespräch kann der Klient auf diese Weise Erfahrungen damit sammeln, wie seine Präsentation auf andere wirkt, ohne negative Konsequenzen befürchten zu müssen. Gegebenenfalls kann der Berater eine Klärungshilfe für den Gesprächspartner bieten und ihn mit elementaren kommunikationspsychologischen Grundlagen vertraut machen. Nicht allen Bewerbern ist klar, dass beim Gesagten nicht nur der Inhalt zählt, sondern vor allem die unterschwellige Beziehungsbotschaft. Dementsprechend haben sie auch keine Antenne dafür, welche Beziehungsbotschaften sie selbst aussenden, bzw. zwingen ihr Gegenüber aufgrund mangelnder Sensibilität in diesem Bereich zu einer expliziten Äußerung.

In dieser Situation bietet sich die Arbeit mit dem Modell der »vier Ohren« an, mit denen sich jede Botschaft verstehen lässt. Der Hamburger Psychologieprofessor Friedemann Schulz von Thun entwickelte dieses mittlerweile klassische Kommunikationsmodell, um Kommunikationsabläufe und -störungen in beruflichen und privaten Zusammenhängen zu erklären. Danach hat jede Botschaft vier Seiten, mit denen sie geäußert bzw. gehört werden kann: eine Sachinformation (was ich inhaltlich sagen will), eine Selbstkundgabe (was ich dabei von mir selbst zu erkennen gebe), eine Beziehungsbotschaft (was ich von dem Gegenüber halte, wie ich zu ihm stehe) und einen Appell (was ich beim Gegenüber erreichen möchte).

Falls Sie öfter vor der Situation stehen, dass Ihr Gegenüber etwas anderes hört, als Sie gemeint haben, und Sie deshalb »Bammel« vor einem Bewerbungsgespräch haben, kann die Arbeit mit diesem Modell sehr hilfreich sein. Aber auch in allen anderen alltäglichen Berufssituationen hilft die Kenntnis von kommunikationspsychologischen »Basics«, deren Anwendung Sie im Rahmen einer Outplacement-Beratung trainieren können.

Fallbeispiel: Susanne K., 36 Jahre, Kulturwissenschaftlerin, stellvertretende Museumsdirektorin

Susanne K. wird Sparzwang-Opfer der öffentlichen Haushalte: Weil ihr Arbeitgeber, eine mittelgroße Stadt in Rheinland-Pfalz, die Mittel für Theater und Museen massiv kürzt, fallen mehrere Stellen in ihrem Museum dem Rotstift zum Opfer.

Susanne K. begibt sich dennoch zuversichtlich ins Bewerbungsverfahren, denn sie schätzt ihre Chancen auf eine neue und interessante Position recht hoch ein. Dass der ehemalige Arbeitgeber ihr eine Outplacement-Beratung anbietet, findet sie zwar nobel, sieht aber für sich vorerst keine Notwendigkeit, diese in Anspruch zu nehmen.

Tatsächlich ist Susanne K. ein offener und vielfältig interessierter Mensch. Hinzu kommt, dass sie durch mehrjährige Auslandserfahrung drei Fremdsprachen fließend beherrscht, selbstverständlich über interkulturelle Kompetenz verfügt und sowohl mit Blick auf ihren zukünftigen Einsatzort als auch die Branche sehr flexibel ist – beste Voraussetzungen also, um sich auf dem globalen Arbeitsmarkt erfolgreich zu verkaufen.

Wie kaum anders zu erwarten, erhält sie schon nach kurzer Bewerbungsphase die ersten Einladungen zu Vorstellungsgesprächen – und dabei bleibt es auch. Obwohl sie selbst nach jedem Gespräch den Eindruck hat, sich gut verkauft und ihre Interviewer überzeugt zu haben, flattert ihr doch jeweils einige Tage später eine Absage ins Haus. Langsam aber sicher schwindet ihre anfängliche Zuversicht, sie ist zunehmend verunsichert.

Nach drei Monaten entschließt sie sich, doch noch die Outplacement-Beratung in Anspruch zu nehmen – nun allerdings aus eigener Tasche. Da sie mit ihren Bewerbungsunterlagen bisher sehr erfolgreich war, konzentriert sich die Beraterin gleich darauf, Susanne K.s Verhalten im Vorstellungsgespräch und damit ihre Fähigkeit zur mündlichen Selbstdarstellung zu analysieren: Die beiden simulieren gemeinsam ein Bewerberinterview und nehmen dieses auf Video auf. Die anschließende Auswertung ergibt, dass Frau K.s Aussagen und ihr Auftreten in deutlichem Kontrast zueinander stehen: So souverän sie rhetorisch auftritt, so viel Unsicherheit vermittelt ihre Körpersprache.

Als die Beraterin diese Diskrepanz hinterfragt, wird schnell klar, dass Susanne K. sich des Problems durchaus bewusst ist: Es ist ihr unangenehm, vor Gruppen zu sprechen oder sich stark beobachtet zu fühlen. Ihre bisherige Tätigkeit hat es ihr ermöglicht, diese Situationen meist zu umgehen. Sie konnte diese Schwäche mit ihrer großen fachlichen Kompetenz und ihrer Stärke im Zwischenmenschlichen ausgleichen.

Die Beraterin erklärt Susanne K., dass sie nicht umhin kommen werde, die Spielregeln des Vorstellungsgesprächs anzuerkennen und sich entsprechend vorzubereiten. Hier komme es aufgrund der Kürze der Zeit nun einmal darauf an, einen möglichst perfekten »Auftritt« hinzulegen, einen gelungenen Gesamteindruck zu hin-

terlassen. Innere Werte und Kompetenz sind zwar wichtig, für den Erfolg im Vorstellungsgespräch aber leider nicht entscheidend.

In mehreren Einheiten trainiert Susanne K. gemeinsam mit der Beraterin ihren Auftritt vor laufender Kamera und lernt dabei immer mehr, neben den Inhalten, die sie vermitteln will, auch auf ihre nonverbale Kommunikation zu achten. Was sie anfänglich viel Überwindung kostet, da sie jede Form der Selbstdarstellung ablehnt, gelingt zunehmend besser und beschert ihr nach einigen Wochen schließlich auch den ersehnten Erfolg im »Ernstfall«: Sie wird Referentin bei einer Interessenvertretung in Brüssel, wo ihre Fachkompetenz sowie ihre Fremdsprachenkenntnisse gleichermaßen gefragt sind.

Entscheidungshilfe

Gerade wenn mehrere Vorstellungsgespräche erfolgreich verlaufen sind und mehrere Firmen Vertragsangebote machen, kann für Sie als Bewerber eine schwierige Situation entstehen. Oft ist nicht auf den ersten Blick erkennbar, welches Angebot das attraktivste ist. Wichtig ist die Prüfung der Vertragsangebote: Welchen Aufgabenbereich bietet man Ihnen an? Wem sind Sie übergeordnet, wem untergeben? Stimmt das Gehalt? Stimmen die weiteren Sozialleistungen? Unter anderem zählt dazu auch, inwieweit bei einer neuerlichen Kündigung der Anspruch auf eine Outplacement-Beratung berücksichtigt wird.

Dabei sollten Sie sich vergegenwärtigen, dass, ebenso wie Sie sich von Ihrer Schokoladenseite gezeigt haben, auch die Firma ein Bild ihres Betriebsklimas oder der von Ihnen zu übernehmenden Aufgaben gezeichnet hat, das der Realität womöglich nicht lange standhält.

Zu dieser Thematik kursiert in der Unternehmensberaterszene ein Witz über eine Managerin, die nach ihrem Tod gefragt wird, ob sie in den Himmel oder in die Hölle wolle. Sie besteht auf einer vorherigen Besichtigung. In der Hölle wird sie in einem prächtig ausgestatteten Büro zuvorkommend empfangen und gleich zu einer Golfpartie eingeladen. Aber auch im Himmel sieht es nicht schlecht aus: Die Engel umschweben sie und heißen sie herzlich willkommen. Sie entscheidet sich dennoch für die Hölle. Bei ihrer Ankunft hat sich die Szenerie total verwandelt: Das Büro sieht schäbig und heruntergekommen aus, der Umgangston ist mürrisch und unhöflich. Als sie sich erkundigt, was es mit diesem Wandel auf sich hat, wird ihr beschieden: Tja, zuerst habe sie sich beworben und jetzt sei sie eingestellt.

In der Entscheidungssituation kann der Berater Ihnen in mehrfacher Hinsicht hilfreich zur Seite stehen: Zum einen kann er den Advocatus Diaboli spielen, indem er mögliche Einwände gegen die neue Position aus Ihnen herauskitzelt. Oder er kann anhand der Entscheidungsprobleme, die sich Ihnen anlässlich mehrerer Angebote stellen, Ihre Entscheidungskompetenz trainieren, welche Sie womöglich ohnehin in Ihrer neuen Position dringend nötig haben.

Beim Abwägen der Angebote zahlt sich die vorherige gründliche Arbeit aus: Je genauer Sie Ihre Ziele definiert haben, desto klarer können Sie feststellen, ob das Angebot zu Ihnen passt. Die Beratung vermittelt Ihnen im Zweifelsfall Gelassenheit im Umgang mit Jobangeboten – denn wenn die Bewerbung gut vorbereitet ist, muss man nicht gleich beim erstbesten Angebot zugreifen, sondern kann auch ruhig darauf vertrauen, dass noch weitere Angebote ins Haus flattern.

Einige Unternehmen arbeiten mit dem Modell einer Entscheidungsmatrix, in der detailliert die wichtigen Parameter für eine Entscheidung aufgelistet und nach Bedeutung gewichtet sind. So kann man anhand einer Punktebewertung zu einem Entscheidungsergebnis kommen, das rational begründbar und von daher weniger durch wechselnde Stimmungen beeinflussbar ist.

Welche Methoden auch immer zum Einsatz kommen – entscheidend in dieser Situation ist die persönliche Beziehung zum Berater. Nur wenn sich ein gegenseitiges Vertrauensverhältnis durch die vorangegangene Arbeit aufgebaut hat, kann der Berater auch als Entscheidungscoach wirken.

Was passieren kann, wenn das Vertrauensverhältnis gestört ist, zeigt die folgende Fallgeschichte:

Fallbeispiel: Siegfried M., 58 Jahre, Marketingleiter

Siegfried M. ist 58 und spekuliert auf seine vorzeitige Pensionierung. Er arbeitete sich vom Pharmareferenten zum Marketingleiter der Tochter eines großen Pharmaunternehmens hoch. Als diese Unternehmenstochter verkauft wurde, kehrte er in die Hauptniederlassung zurück und übernahm dort bei weiterhin guten Bezügen (rund 160.000 DM) lediglich Sachbearbeiteraufgaben im Verkauf. Acht Jahre später wurde er im Zuge einer personellen Umstrukturierung von einer Unternehmensberatung als Non-Performer identifiziert.

Das Unternehmen wollte sich seiner auf einvernehmliche Weise entledigen und schickte ihn in eine Outplacement-Beratung. Diese begann unter schwierigen Vorzeichen, denn Herr M. wurde dem Berater von seiner Firma als Alkoholiker avisiert. Im Beratungsverlauf ergaben sich dann zwar gesundheitliche Probleme, aber keine Alkoholsucht. Die Erwartung von Herrn M., bei gleicher Bezahlung in eine verantwortliche Position bei einem anderen Unternehmen vermittelt zu werden, erwies sich in Anbetracht seines fortgeschrittenen Alters und seines Karriereknicks bei der Rückkehr zur Konzernmutter als unrealistisch.

Der Berater schlug Herrn M. eine Lösung vor, die zusätzlich zu einer finanziellen Abfindung eine weitere Kooperation mit dem bisherigen Arbeitgeber auf der Basis einer freien Handelsvertretung vorsah. Diese Lösung erschien sinnvoll, da Herr M. wegen seiner langen Betriebszugehörigkeit über ausgezeichnete Markt- und Produktkenntnisse sowie über langjährige Kundenkontakte verfügte. Zusammen mit seinem Klienten entwickelte der Berater ein entsprechendes Geschäftskonzept, erstellte Marktanalysen und erhielt ein positives Feedback von der Geschäftsleitung des alten Arbeitgebers. Aus dessen Sicht sprach für eine solche einvernehmliche Lösung, dass die Firma nur noch Provisionen auf Leistungsbasis an den Mitarbeiter zu zahlen gehabt hätte. Herr M. hätte seine Marketingerfahrungen weiterhin angemessen verwerten können und sich durch die Existenzgründung mit den entsprechenden öffentlichen Zuschüssen auf diese Weise über einen Zeitraum von mehreren Jahren in den Ruhestand jongliert, ohne seine Abfindungssumme und weiteres Vermögen bei einer drohenden Bedürftigkeitsprüfung nach Auslaufen des Arbeitslosengeldes bei Beantragung der Arbeitslosenhilfe zu riskieren.

Was der Berater nicht wusste: Siegfried M. verhandelte parallel mit einem Anwalt. Dessen nicht ganz uneigennütziger Vorschlag, bei dem alten Arbeitgeber eine möglichst hohe Abfindung zu erstreiten, stieß bei Herrn M. auf offene Ohren, da er sich ohnehin getäuscht sah und aufgrund seiner über 25-jährigen Betriebszugehörigkeit eine hübsche Summe zu erwarten glaubte. Die geforderte Summe war jedoch für die Firmenleitung inakzeptabel, da sie weit über der Deckelungsgrenze lag, die zwischen Arbeitgeber und Arbeitnehmervertretern vereinbart war. Da Herr M. sich nicht kompromissbereit zeigte, wollte die Firmenleitung die Outplacement-Beratung nicht weiter finanzieren. Alle Perspektiven der weiteren freien Zusammenarbeit hatten sich damit ebenfalls erledigt. Aus dem Versuch einer einvernehmlichen Lösung wurde ein offener Konflikt, der nun vor dem Arbeitsgericht ausgetragen wird.

Wenn aber alles nach Plan läuft und Sie einen für sich attraktiven Arbeitgeber gefunden haben, ist eine weitere Hürde zu meistern, bei der es auf Ihr Verhandlungsgeschick ankommt: die Gestaltung des neuen Arbeitsvertrags.

Für Gehaltsverhandlungen gibt es einiges Wissenswertes, das Sie unbedingt beachten sollten:

> Bevor Sie eine Forderung stellen, sollten Sie die branchenüblichen Gehälter für Ihre Position kennen. Recherchequellen sind: Gewerkschaften bzw. der Betriebsrat, Gehaltsübersichten in der einschlägigen Wirtschaftspresse, das Statistische Bundesamt in Wiesbaden (Tel.: 06 11 / 75 10), das Internet (z.B. www.gehalt.de) oder das Büro für Berufsstrategie (Tel.: 030 / 851 92 06).

> Machen Sie sich vorher klar, welche Gehaltssumme Sie anstreben und wie Sie diesen Betrag vor sich selbst begründen. Sie müssen wissen, mit welchen persönlichen Vorzügen und Verdiensten Sie in der Verhandlung argumentieren können.

> Es zählt die Gesamtvergütung mit allen Zusatzleistungen. Verhandeln Sie niemals über das künftige Monatsgehalt, sondern immer über das gesamte Jahresgehalt (mit dem 13. und 14. Monatsgehalt) und berücksichtigen Sie als Verhandlungspunkte besonders die zusätzlichen Sozialleistungen (Urlaubs- und Weihnachtsgeld, betriebliche Altersversorgung, Zuschüsse zu Berufskleidung, Fahrtkosten, Dienstwagen, Anzahl der Urlaubstage etc.).

> Auch der Anspruch auf eine Outplacement-Beratung im Trennungsfall sollte unbedingt zu Ihren Forderungen gehören. Schließlich haben Sie gerade selbst erfahren, wie wertvoll diese Leistung in schwierigen Situationen sein kann. Und dem zukünftigen Arbeitgeber wird es nicht allzu schwer fallen, auf diese Forderung einzugehen, schließlich stellt er Sie mit dem Ziel ein, längerfristig mit Ihnen zusammenzuarbeiten. Aus seiner Sicht macht er also eine Zusage über eine Leistung, die im Idealfall gar nicht in Anspruch genommen wird.

Entscheidend für den Verhandlungserfolg ist, wie Sie Ihre Ver-
handlungsziele rhetorisch und strategisch geschickt vermitteln.
Bei der Erarbeitung einer Verhandlungsstrategie steht Ihnen Ihr
Outplacement-Berater zur Seite. Viele hilfreiche Tipps liefert auch
der Ratgeber »Mehr Geld durch erfolgreiche Gehaltsverhand-
lung« (siehe Literaturliste).

5. Die ersten 100 Tage im neuen Job – Coaching durch die Einstiegsphase

Haben Sie sich für einen neuen Job oder ein neues Betätigungsfeld entschieden, müssen Sie sich hier schnellstmöglich etablieren. In einem völlig fremden Umfeld gilt es, offene und verdeckte Strukturen zu erkennen, einflussreiche Personen zu identifizieren, das Vertrauen und die Anerkennung von Mitarbeitern, Kollegen und Vorgesetzten zu gewinnen. Erste Konflikte sind zu bewältigen, die – bei Lichte betrachtet – oft auf Misstrauen und Vorurteile dem »Neuen« gegenüber zurückzuführen sind. Es gehört zur Natur von Fettnäpfchen, dass sie auf Anhieb für Uneingeweihte als solche nicht erkennbar sind. So mancher Kollege legt es vielleicht auch darauf an, unauffällig Tretminen vor Ihnen auszustreuen – vielleicht weil er dieselben Initiationsrituale durchlaufen musste und sein Ungemach jetzt an Ihnen auslassen will.

Ihr Outplacement-Berater hilft Ihnen, in solchen Situationen Ruhe zu bewahren, Ursachen für Probleme zu erkennen und effektive Konfliktlösungsstrategien zu entwickeln. Je weniger vorschnell und unbewusst Sie reagieren, desto mehr können Sie auch eine anfänglich unangenehme Situation zu Ihrem eigenen Vorteil nutzen. Je mehr emotionalen Abstand Sie zu diesen Szenen gewinnen und je weniger Sie reflexartig alles auf sich beziehen, was ein anderer unbedacht äußert, desto souveräner können Sie mit den Eigenarten Ihrer neuen Kollegen und Vorgesetzten umgehen.

Alles, was Sie im Laufe einer Beratung an zusätzlicher Selbsterkenntnis gewonnen haben, können Sie im Umgang mit den neuen Kollegen und Vorgesetzten praktisch unter Beweis stellen. Etwa wenn Sie festgestellt haben, dass Sie durch bestimmte Verhaltensweisen unnötig Konflikte heraufbeschwören, die bei der letzten Arbeitsstelle mit zur Kündigung geführt haben, sind Sie bei der neuen

Arbeitsstelle sofort sensibilisiert, wenn sich ähnliche Muster abzeichnen – und Ihr Coach kann Sie dabei unterstützen, sich anbahnende Konflikte sanft auszubremsen.

Einerseits sollten Sie in den ersten Tagen hundertprozentigen Einsatz bringen und mit höchster Aufmerksamkeit handeln. Andererseits können Sie auch mit einer gewissen Nachsicht gegenüber Fehlern rechnen. Diese gehören zur Phase des Neueinstiegs. Und Sie sollten sich auch vergegenwärtigen, dass die Verweigerung einer Weiterbeschäftigung auch für das Unternehmen eine Schlappe bedeutet. Die Verantwortlichen müssten sich fragen lassen, warum sie die Schwächen des neuen Mitarbeiters nicht im Vorfeld erkannt haben. Hinzu kommt, dass die Trennung von einem einmal ausgewählten Mitarbeiter auch erhebliche Verluste für das Unternehmen bedeutet – schließlich werden mit der Einarbeitung unternehmenseigene Personalressourcen gebunden und erneute Kosten für Recruitment fällig.

Die durchschnittliche Rate des Scheiterns in der Probezeit liegt laut der Erhebung der Managementberatung Mühlenhoff & Partner bei 10 bis 20 Prozent. Die Ursachen zeigen sich überwiegend in den ersten drei Monaten und liegen weniger im mangelnden Erreichen von Zielvorgaben als in der Persönlichkeitsstruktur des Mitarbeiters. Trennungen werden von Unternehmensseite aber durchaus selbstkritisch beurteilt. Mangelnde Übereinstimmung von Anforderungen und Erwartung werden als Hauptgrund angesehen.

Sollte es im neuen Job während der ersten sechs Monate zu einer erneuten Kündigung kommen, ist das weitere Coaching bis in das nächste Beschäftigungsverhältnis bei einigen Outplacement-Anbietern für den Arbeitnehmer kostenlos – eine Garantieleistung, mit der Beratungsunternehmen ihren Kunden signalisieren, dass mit der Honorarzahlung auch Verantwortung für den Erfolg der Beratungsmaßnahme einhergeht. Schließlich kann nicht ausgeschlossen werden, dass auch ein erfahrener Berater sich irrt.

Viele Outplacement-Kandidaten melden sich, selbst wenn kein Coaching während der Einarbeitungszeit in Anspruch genommen wird, von sich aus mitunter bei ihrem Outplacement-Berater, um sich nachträglich zu bedanken oder Kontakte zu pflegen. Denn die meisten denken gerne an eine Zeit der Beratung zurück, in der sie nicht nur beruflichen Zwecken nachgegangen sind, sondern auch etwas Wesentliches über sich selbst herausgefunden haben, durch das sie als Persönlichkeit gereift sind.

Fallbeispiel: Jürgen L., 44 Jahre, Software-Entwickler

Seit 15 Jahren entwickelt Jürgen L. Software-Lösungen für seinen Arbeitgeber, einen großen Versicherungskonzern. Dabei hatte er nie Ambitionen, die nächste Hierarchiestufe zu erklimmen. Vielmehr fühlt er sich wohl in seiner Rolle als Experte, der täglich fachliche Probleme zu lösen, sich aber nicht um Mitarbeiterführung und Ähnliches zu kümmern hat. Als absoluter Fachmann auf seinem Gebiet verdient er rund 70.000 Euro im Jahr, hinzu kommen Firmenwagen und betriebliche Alterssicherung.

Mit dem neuen Abteilungsleiter kommt das Aus für Jürgen L.: Schnell ist klar, dass zwischen den beiden »die Chemie nicht stimmt«. Persönliche Animositäten und fachliche Differenzen führen dazu, dass das Unternehmen Herrn L. einen Aufhebungsvertrag anbietet, um eine Kündigung zu vermeiden. Das Vorgehen der Geschäftsführung ist dabei so eindeutig, dass Jürgen L. den Ernst der Lage erkennt und relativ schnell zu der Überzeugung kommt, dass die Vertragsaufhebung zu seinen Bedingungen für ihn die beste Lösung ist.

Obwohl man sich bereits im Februar einigt, sieht der Vertrag das offizielle Ausscheiden Herrn L.s erst zum dritten Quartalsende desselben Jahres vor. Bis dahin erhält er seine vollen Bezüge bei sofortiger Freistellung und weiterer Nutzung des Firmenwagens.

Zusätzlich erhält er eine Abfindung in Höhe von 25.000 Euro, ein sehr wohlwollendes Zwischenzeugnis sowie die Möglichkeit, eine Outplacement-Beratung seiner Wahl in Anspruch zu nehmen.

In der Beratung geht es vor allem darum, Jürgen L.s Bewusstsein für die Marktrealitäten zu schärfen und sein Marketing in eigener Sache zu verbessern. Als Software-Entwickler macht er sich – ausgehend von den täglichen Meldungen über den dramatischen Mangel an IT-Spezialisten – über seine Chancen am Arbeitsmarkt kaum Gedanken. Dabei gilt auch hier: Wer über 40 ist und nicht in jedem Bereich über die aktuellsten Kenntnisse verfügt, muss sich besonders bemühen. Umso wichtiger ist es, die entscheidenden »Verkaufsargumente« für den nicht mehr 30-jährigen Bewerber herauszuarbeiten.

Mit der in der Beratung gemeinsam erstellten Mappe erhält Jürgen L. auf acht Bewerbungen drei Einladungen zum Vorstellungsgespräch. Darauf bereitet er sich in einem Videotraining vor. Sein Berater unterstützt ihn hierbei vor allem darin, seine Motivation glaubhaft zu vermitteln und nicht zu selbstsicher aufzutreten, denn das könnte leicht überheblich wirken. Außerdem erarbeitet man zusammen eine Argumentationsstrategie für die zu erwartende Frage nach seinen Wechselgründen.

So präpariert kann Jürgen L. schließlich die Entscheider in einer großen Bank überzeugen: Pünktlich zum 1. Oktober tritt er nach über einem halben Jahr Freistellung seinen neuen Job als Software-Entwickler an. Sein Gehaltsniveau kann er halten, auch die zusätzlichen Leistungen der Bank entsprechen in etwa dem, was sein vorheriger Arbeitgeber geboten hatte. Aus eigener Tasche leistet er sich ein Coaching während der Probezeit, denn ihm ist durch das Ausscheiden aus der alten Firma und die anschließende Outplacement-Beratung klar geworden, dass fachliche Qualifikation allein nicht ausreicht, um die Stellung innerhalb der Firma zu sichern. Mögliche psychologische Konfliktlagen will er jetzt von Anfang an erkennen und entschärfen, soweit es in seiner Macht

steht. Sein Outplacement-Berater hilft ihm in wöchentlichem Sit-
zungsturnus dabei, Verständnis für die Eigenarten seiner neuen
Kollegen und Vorgesetzten zu entwickeln und seinen psychologi-
schen Blick zu schulen. Hatte man ihm in der alten Firma nachge-
sagt, ein arroganter und etwas eigenbrötlerischer »Faktenhuber«
zu sein, erwirbt sich Herr L. bei der Bank schnell den Ruf eines
kompetenten Fachmanns und ausgeglichenen Kollegen, mit dem
»gut Kirschen essen« ist. Seine Probezeit übersteht er mit Bravour.

6. Outplacement als Chance zum Neubeginn

Auch wenn Outplacement-Beratungen in der Regel dazu dienen, Ihnen bei der Suche nach einem neuen Arbeitsplatz in Ihrer angestammten Branche oder Tätigkeit zu helfen, können sie in bestimmten Fällen auch einen grundsätzlichen Richtungswechsel in Ihrer Berufskarriere begleiten. Mitunter ergibt die Potenzialanalyse im Verlauf einer Outplacement-Beratung, dass Ihre bisherige Tätigkeit die in Ihnen schlummernden Potenziale nur zu einem geringen Teil ausgeschöpft hat oder dass Sie sogar gezwungen waren (bzw. sich selbst gezwungen haben), etwas zu versuchen, was Ihnen partout nicht entspricht. In einer solchen Situation ist die Kündigung unvermeidlich, weil Ihre Leistungen dann den Erwartungen nicht entsprechen können, selbst wenn Sie sich äußerste Mühe geben. Sie sollten die Kündigung dann als Wink des Schicksals auffassen, sich grundsätzlich neu zu orientieren.

Es kann sich auch der Fall ergeben, dass in Ihrer angestammten Branche kaum eine realistische Aussicht auf Wiederbeschäftigung besteht, etwa wenn die Branche insgesamt in Schwierigkeiten steckt und schrumpft. Ist Ihr Fähigkeitsprofil branchengebunden, dann stehen Sie vor der Wahl, entweder ganz aus dem Erwerbsleben auszuscheiden oder sich per Umschulung neu zu qualifizieren – was im fortgeschrittenen Alter ein gehöriges Maß an Initiative, aber auch Frustrationstoleranz verlangt. Auch bei solchen Fragen kann eine Outplacement-Beratung Klärungen herbeiführen.

Welchen persönlichen Wert messen Sie der Erwerbsarbeit bei? Welche Anstrengungen ist Ihnen ein Neustart wert? Sind Sie bereit für den Schritt in die Selbständigkeit? Welche Qualifikationen haben Sie schon, welche fehlen Ihnen? Sind Sie bereit, auch im fortgeschrittenen Alter noch einmal eine neue Ausbildung zu absolvieren? Wann immer Sie sich für einen grundlegenden Richtungswechsel in Ihrer beruflichen Karriere entscheiden, sollten Sie sich über die Motive Ihrer Entscheidung im Klaren sein. Welche Rolle spielt der Gelderwerb, welche Rolle die persönliche Befriedigung und die Selbstverwirklichung bei der Arbeit? In manchen Fällen ist die lukrativste Arbeit auch die, die am meisten Spaß macht – oft heißt es aber auf der einen oder der anderen Seite Abstriche hinzunehmen. In einer Beratung können Sie für sich herausfinden, welche Werte in Bezug auf Arbeit Ihnen am wichtigsten sind – und welche Entscheidungen daraus resultieren.

Auch ein materiell abgefedertes Ausscheiden aus dem Arbeitsleben bietet neue Chancen der Selbstverwirklichung. Hobbys können intensiver verfolgt, lang erträumte Reisen endlich unternommen, private Beziehungen mit größerer Aufmerksamkeit gepflegt werden. Statt sich mit dem schlechten Gewissen zu plagen, als Schmarotzer auf Kosten der Gesellschaft zu leben, lässt sich Arbeitslosigkeit auch als großzügiger Verzicht auf das knappe Gut Arbeit deuten. Warum sollten Sie nicht anderen, höher motivierten Arbeitskräften das Feld überlassen, wenn Ihre größte Motivation außerhalb Ihres angestammten Berufsfeldes liegt und Sie gleichzeitig materiell nicht von der Ausführung einer Erwerbsarbeit abhängig sind?

Unter Umständen können hobbyartige oder ehrenamtlich ausgeübte Tätigkeiten sogar mehr innere Befriedigung verschaffen als die vorherige bezahlte Beschäftigung. Nicht einmal materieller Ertrag ist dabei ausgeschlossen: Schon so manchem ist es gelungen, aus seinem ernst genommenen Hobby eine zweite selbständige Existenz aufzubauen.

Neuorientierungen – egal, ob sie mit einem Branchenwechsel, einem Positionswechsel, einer Neuqualifikation oder dem Ausscheiden aus dem »harten« Erwerbsleben verbunden sind – markieren immer eine schwierige Phase im Leben, vergleichbar dem Überqueren eines reißenden Stroms. In einer solchen Situation ist es immer besser, einen erfahrenen Fährmann an seiner Seite zu wissen, als das Risiko auf eigene Faust zu wagen.

Fallbeispiel: Susanne R., 29 Jahre, Bankkauffrau im Schalterdienst

Susanne R. ereilt das gleiche Schicksal wie zahlreiche andere Bankangestellte im Schalterdienst: Infolge der Fusion zweier Bankkonzerne wird das nun gemeinsame Filialnetz verschlankt. In Zukunft will die Konzernleitung ihre Aufmerksamkeit verstärkt auf Online-Banking lenken. Die Folge: Die Filiale, in der Susanne R. gearbeitet hat, wird geschlossen, sie und ihre Kolleginnen und Kollegen sind Rationalisierungsopfer.

Trotz eines Gruppen-Outplacements für die betroffenen Mitarbeiter, an dem auch Susanne R. teilnimmt, gelingt es ihr zunächst nicht, eine neue Stelle als Kundenberaterin in einer Bankfiliale zu finden. Da ihre Entlassung kein Einzelfall ist, sieht sie sich mit einem Überangebot an suchenden Bankkaufleuten konfrontiert. Ihr bleiben deshalb nach eigener Überzeugung nur drei Alternativen: entweder die Branche wechseln und »irgendeinen« Bürojob annehmen, eine Zusatzqualifikation erwerben, die ihr im Bankwesen neue Chancen eröffnet, oder eine Umschulung in einen völlig anderen Bereich beginnen.

Obwohl sie ihre Tätigkeit gemocht hat, denkt Susanne R. ernsthaft über die dritte Möglichkeit – eine völlige Neuorientierung – nach. Da ihr alter Arbeitgeber nur die Kosten für das Bewerbungstraining in der Gruppe und zwei persönliche Beratungen übernommen hat, finanziert sie sich die weiteren Schritte selbst: Anhand einer Potenzialanalyse, die sie mit Hilfe ihrer Outplacement-Beraterin durchführt, will sie für sich Sicherheit gewinnen in der Frage, die sie über die letzten Jahre immer wieder beschäftigt hat: Ist das Bankwesen die richtige Branche für sie, oder würde sie nicht viel lieber im sozialen Bereich arbeiten?

Das Ergebnis der Analyse bestätigt sie in ihrer Vermutung, dass der direkte Kontakt mit Kunden für sie einen hohen Stellenwert besitzt. Ein Bürojob ohne Außenkontakte käme also nicht in Frage. An der Arbeit mit Kunden reizt sie wiederum besonders der Aspekt der Beratung. Ihr Antrieb ist es nicht so sehr, das renditestärkste Produkt zu empfehlen, sondern vielmehr die optimal auf die Bedürfnisse des Kunden zugeschnittene Lösung zu finden. Sie ist die geborene Dienstleisterin!

Bestätigt durch dieses Ergebnis denkt Susanne R. noch einmal darüber nach, welche Branchen und Tätigkeiten sie interessieren. Ihr Augenmerk fällt auf die Touristik- und Eventbranche, wo Kundenservice, freundliche Verbindlichkeit und ein gepflegtes Äußeres groß geschrieben werden. Sie legt den Gedanken an eine zeitaufwendige Umschulung erst einmal auf Eis und startet eine Initiativbewerbungskampagne, die binnen acht Wochen zum Erfolg führt: Als Gästebetreuerin steigt sie bei einem Konferenzhotel einer renommierten Kette ein, die ihr überdies interessante Aufstiegschancen eröffnet.

Fallbeispiel 2: Brigitte J., 43 Jahre, Werkstoffexpertin

Brigitte J. hatte ein Studium der Mineralogie absolviert und während ihres Studiums zum Teil Praktika in den USA und Australien absolviert. Nach dem Diplom Anfang der 80er Jahre setzte sie zunächst ihre akademische Laufbahn fort, indem sie während einer fünfjährigen Tätigkeit als wissenschaftliche Mitarbeiterin ein eigenes Forschungsvorhaben im Rahmen ihrer Promotion durchführte. Als Expertin für nicht metallische Werkstoffe wurde sie als Leiterin für Verfahrensentwicklung und -optimierung von einem namhaften Reifenhersteller eingestellt. Zu den Schwierigkeiten, die sie als einzige Frau unter ihren durchweg männlichen Kollegen hatte, kamen persönliche Differenzen mit ihrem neuen Vorgesetzten, der ihr im Zuge einer Reorganisation vor die Nase gesetzt wurde. Auf einer Messe lernte sie Mitarbeiter eines großen englischen Unternehmens kennen, das auf industrielle Gummiprodukte spezialisiert war. Man bot ihr eine Stellung als Leiterin der Produktion an – eine verantwortliche Aufgabe. Frau J. zögerte nicht lange und griff zu. Da sie sich schnell in dem neuen Umfeld bewährte, schob man ihr immer mehr Verantwortung zu. So übernahm sie auch noch die Leitung des Verkaufsinnendienstes. Wieder kam es zu einem Geschäftsführerwechsel. Unter dem alten Geschäftsführer waren ihr Anfängerfehler als normale Begleiterscheinung der Einarbeitungsphase nicht übel genommen worden – der neue Chef jedoch war mit ihren Leistungen unzufrieden. Für Frau J. eine seltsame Situation, denn sie war gerade so weit, dass sie ihre neuen Aufgabengebiete einigermaßen gut beherrschte. Man einigte sich auf eine einvernehmliche Kündigung, bei der ihr eine Outplacement-Beratung gewährt wurde.

Die Potenzialanalyse ergab, dass für sie eine weitere Karriere in der Industrie nicht in Frage käme. Stattdessen wollte sie weiter ihre akademische Karriere verfolgen. Sie beschloss sich fortan auf Hochschulstellen zu bewerben. Da sie zudem von ihrem alten Arbeitgeber freigestellt war, konnte sie sich außerdem einen alten Jugendtraum verwirklichen und eine dreimonatige Wanderung durch die Anden unternehmen.

Da Unistellen in diesem Bereich sehr knapp sind, musste Frau J. danach eine »Durststrecke« überwinden. Durch allmonatliche Treffen mit ihrem Outplacement-Berater blieb sie innerlich »bei der Stange« und lernte mit resignativen Anwandlungen umzugehen. Nach anderthalb Jahren aufmerksamer Marktbeobachtung fand sie eines Tages eine Stellenanzeige, die ihr auf den Leib geschrieben schien. Sie bewarb sich, bewältigte die Auswahlprozedur mit Bravour – und bekam schließlich die Stelle.

7. So finden Sie den richtigen Outplacement-Berater

In Deutschland gibt es eine ständig wachsende Zahl von Outplacement-Beratungen – vom Einpersonenunternehmen bis hin zu großen Personal- und Unternehmensberatungen bezeichnen sich die unterschiedlichsten Dienstleister als »Outplacer«.

Einige große Outplacement-Firmen werben damit, ihre Klienten auch innerhalb des eigenen Netzwerks zu vermarkten. Insbesondere, wenn zum Portfolio des Anbieters auch eine Headhunting-Abteilung gehört oder er mit einer solchen eine strategische Allianz betreibt, muss das jedoch nicht zwangsläufig zum Nutzen des Klienten sein – da in diesem Fall der Anbieter auch ein finanzielles Eigeninteresse hat, Sie mit Hilfe des eigenen Netzwerks unterzubringen. Ebenso kann es problematisch sein, wenn eine Outplacement-Firma zugleich Management-Audits anbietet, bei denen Führungskräfte auf ihre Eignung hin überprüft werden. Wenn die Mitarbeiter, die das Audit nicht bestehen, automatisch zu Outplacement-Kandidaten werden, sind Interessenskollisionen unvermeidlich.

In der Praxis bewährt sich bei der Auswahl von Outplacement-Anbietern immer wieder die Mund-zu-Mund-Propaganda. Wenn zu Ihrem Bekannten- oder Kollegenkreis Führungskräfte gehören, die schon einmal von einer Outplacement-Beratung profitiert haben – fragen Sie diese ruhig gezielt nach Empfehlungen.

Worauf Sie bei der Auswahl des Anbieters achten sollten

Jeder, der sich zur Tätigkeit des Outplacement-Beraters oder des Karrierecoachs berufen fühlt, kann diesen Beruf ausüben, denn Coaching ist eine unternehmensberaterische Leistung, die ebenso wie die Berufsbezeichnung »Unternehmensberater« rechtlich nicht geschützt ist. Deshalb ist die Wahl des Beraters reine Vertrauenssache. Dennoch gibt es Kriterien, anhand derer Sie Ihre Vertrauensentscheidung messen können. Dazu gehören:

> Formale Qualifikation. Als Outplacement-Berater können Diplom-Psychologen, Trainer, ehemalige Beschäftigte in Personalabteilungen, die sich selbständig gemacht haben, erfahrene Unternehmensberater, aber auch Marketingexperten oder Ex-Manager wie der Gründer der ersten Outplacement-Firma in den USA in Frage kommen. Scheuen Sie sich nicht, beim Erstgespräch nach der Qualifikation der Berater zu fragen. Psychologen sollten als Ergänzung zu der rein theoretischen Ausbildung an der Universität auch eine zusätzliche therapeutische oder Coaching-Ausbildung vorweisen. Zu den Beraterqualifikationen finden Sie teilweise auch Informationen auf den Homepages der Anbieter (siehe Adressteil). Die formale Qualifikation liefert zwar Anhaltspunkte für praktische Kompetenz; andererseits sollten akademische Grade gerade bei einer so praxisbezogenen Beratung wie dem Outplacement nicht überschätzt werden.

> Kundenreferenzen. In einem freien Gewerbe wie der Unternehmensberatung finden Marktbereinigungen ganz von selbst statt – wer nichts zu bieten hat, findet auch keine oder nur wenige Kunden. Auch hierzu gibt es zum Teil Informationen im Internet. Je handfester ein Unternehmen mit Fakten zur eigenen Aktivität aufwartet, desto sicherer können Sie sein, dass es ein etabliertes

Unternehmen ist, das am Markt bereits Erfolge vorzuweisen hat. Bei den Kundenreferenzen können Sie sich auch fragen: Passen sie zu meinem Profil? Kennt sich der Berater in meiner Branche aus? Auch hierzu sollten Anbieter klare Informationen beim persönlichen oder telefonischen Erstgespräch liefern.

> Die persönliche Ausstrahlung. Wer in der Branche erfolgreich ist, hat ein außergewöhnliches Charisma, das es Menschen leicht macht, sich vertrauensvoll zu öffnen und das Gegenüber als natürliche Autorität anzuerkennen, ohne sich dominiert zu fühlen. Zeichen einer besonders guten persönlichen Ausstrahlung sind: Ruhe und Gelassenheit, Überzeugungsfähigkeit, Unabhängigkeit, Geistesgegenwart, hohe Stresstoleranz, moralische Integrität, intuitives Gespür für Stimmungen beim Gegenüber, Verantwortungsbereitschaft, Konfliktfähigkeit, innere Ausgeglichenheit, Optimismus und eine positive Einstellung zum Leben. Persönliche Ausstrahlung lässt sich im Gegensatz zu den beiden anderen Kriterien nicht anhand von harten Fakten messen – Sie können sie nur intuitiv erspüren, etwa anhand der Tonlage der Stimme am Telefon oder der Körpersprache bei der persönlichen Begegnung. Der Berater sollte im Idealfall eine Vorbildfunktion ausüben. Positive Charaktereigenschaften, die er Ihnen vermitteln will, sollte er bereits in sich tragen.

> Der Persönlichkeitstyp. Britt A. Wrede (siehe Literaturliste) unterscheidet zwischen dem Leistungstyp, der eher auf Leistungsziele fokussiert ist, und dem Beziehungstyp, dessen besondere Stärken sich in Beziehungsfragen entfalten. Auch hier sollten Sie bei der Auswahl eines geeigneten Coaches die Frage nach den besonderen persönlichen Stärken nicht scheuen.

> Fachliche Kompetenz. Egal, welchen Qualifikationshintergrund Outplacement-Berater haben – sie müssen sich in einer dem ständigen Wandel unterliegenden Wirtschaft lebenslang weiterbilden. Nur psychologisch geschult oder mental gut drauf zu sein, reicht als Qualifikation nicht. Auf die Mischkompetenz

kommt es an: Marketingwissen, aktuelle Markt- und Branchen-
kenntnisse sind mindestens ebenso wichtig. Unter Umständen
kann ein Berater all diese Qualifikationen in sich vereinen; manche Outplacement-Anbieter beschäftigen jeweilige Spezialisten,
so dass der Klient davon ausgehen kann, dass die Berater sich
intern unterstützen und ergänzen. In jedem Fall sollten Sie sich
vor der Entscheidung für einen Anbieter erkundigen, welche
Fachkenntnisse Ihr Berater hat – und sich auch nicht scheuen,
sie nach Möglichkeit (etwa anhand Ihrer eigenen Branchen-
kenntnisse) zu überprüfen.

Adressen

Im Folgenden führen wir eine Auswahl von Outplacement-Beratern in Deutschland auf. Zum Teil sind die genannten Anbieter mit einer Vielzahl von regionalen Zweigstellen vertreten; hier erscheinen nur die Adressen der Zentralen.

Frank Adensam
Managementberatung
Kiefernweg 5
68623 Lampertheim
Tel.: 0 62 06 / 28 45
Fax: 0 62 06 / 91 23 99
E-Mail: adensam@t-online.de
www.adensam.de

Baumann Personalberatung
E-Mail: ulbricht@baumann-
personalberatung.de
www.baumann-personalberatung.de

Von Bredow, Lütteke & Partner
Wessobrunner Str. 4
82131 Gauting
Tel.: 0 89 / 89 31 14-0
Fax: 0 89 / 89 31 14-9
E-Mail: Info@vblp.de
www.vblp.de

Beratungsverbund Phönix
Carlmeyerstr. 23
33613 Bielefeld
Tel.: 05 21 / 962 20

Choice Consult
Jeanette Beutnagel
Graf-Adolf-Str. 18c
51429 Bergisch-Gladbach
Tel.: 0 22 04 / 40 27 30
Mobil: 01 73 / 5 27 89 13
Fax: 0 22 04 / 40 27 31
E-Mail: info@choiceconsult.com
www.choiceconsult.de

Bruns, Viebahn & Partner
In der Aue 17
61440 Oberursel
Tel.: 0 61 71 / 6 94 70
E-Mail: Karriere@t-online.de

Bürkle Strategieberatung
Hinter Saal 21
55283 Nierstein
Tel.: 0 61 33 / 54 72

Büro für Berufsstrategie
Hesse/Schrader
Oranienburger Str. 4–5
10178 Berlin
Tel.: 0 30 / 8 51 92 06
Fax: 0 30 / 8 51 92 61
E-Mail: info@berufsstrategie.de
www.berufsstrategie.de

Cardeneo & Partner
Personal-, Karriere-, Unternehmens-
berater, Messe-Consulting
Benrather Schlossallee 111
40597 Düsseldorf
Tel.: 02 11 / 7 18 42 27
Fax: 02 11 / 7 18 42 37
E-Mail: info@cardeneo.de
www.cardeneo.de

Coutts Career Consultants (Deutsch-
land) GmbH
Helga Schäfer
Saalburgstr.157
61350 Bad Homburg
Tel.: 0 61 72 / 96 57-0
Fax: 0 61 72 / 96 57-10
E-Mail: hq@coutts.de
www.coutts.de

Gerhard G. Diemer
Mainzer Landstr. 97
60329 Frankfurt
Tel.: 0 69 / 24 26 90-0
Fax: 0 69 / 24 26 90-20
E-Mail: DiemerGmbH@t-online.de
www.diemer-outplacement.de

Dronia & Partner
Alte Faktorei
Philosophenweg 21
47051 Duisburg-Innenhafen
Tel.: 02 03 / 2 98 39-31
Fax: 02 03 / 2 98 39-50
E-Mail: dropad@hotmail.de
www.123dp.de

Eckelt & Partner
Wolfgang K. Eckelt (M.B.A.)
Volker G. Büchner (M.A.)
Hauptstr. 111
70563 Stuttgart

Tel.: 07 11 / 73 73 37-0
Fax: 07 11 / 73 73 37-22
E-Mail: personal@eckelt-partner.de
www.eckelt-partner.de

Gergely & Reinl GbR
Große Bockenheimer Str. 23
60313 Frankfurt am Main
Tel.: 0 69 / 9 20 75 70

Gess & Partner
Oststr. 11
40211 Düsseldorf
Postfach 10 25 26
40016 Düsseldorf
Tel.: 02 11 / 17 92 21-0
Fax: 02 11 / 17 92 21-10
E-Mail: info@job-gess.de
www.job-gess.de

GMC Glasgow
Management Consulting GmbH
Hamburger Str. 11
16. Stock
22083 Hamburg
Tel.: 0 40 / 2 27 97 37
Fax: 0 40 / 2 27 75 37
E-Mail: GMC-HH@gmc-consul-
ting.de
www.gmc-consulting.de

Hase & Partner
Monreposstr. 55
71634 Ludwigsburg
Tel.: 0 71 41 / 38 61 50
Fax: 0 71 41 / 38 61 53
E-Mail: Hase.u.Partner@t-online.de
www.hase-arbeit.de

Ibis Acam Partner AG
Ermanstr. 19
12163 Berlin
Tel.: 0 30 / 79 01 95-0

IHS Bildungs- und Beratungs-
gesellschaft
Kapstadtring 10
22297 Hamburg
Tel.: 0 40 / 63 78 40 00

Interaction Consulting
Wolfgang Fritz (M.A.)
Dotzheimer Str. 24
65185 Wiesbaden
Tel.: 06 11 / 30 40 07
Fax: 06 11 / 30 40 09
E-Mail: info@interaction-
consulting.de
www.interaction-consulting.de

Institut für Personalentwicklung
Rüdiger Eschmann (Dipl.-Ing.)
Gräfin-Imma-Str. 59
44797 Bochum
Tel.: 02 34 / 79 39 67

ISIMA AG
Stangenstr. 1
70771 Leinfelden-Echterdingen
Tel.: 07 11 / 79 45 53 50
Fax: 07 11 / 79 45 53 51
E-Mail: Isima@isama.de
www.Isima.de

König & Fehling
Gesellschaft für Personalberatung
Personalberatung und Training
Jana König & Silvina Fehling GbR
Bernhard-Göring-Str. 163
04277 Leipzig
Tel.: 03 41 / 3 91 33 25

Fax: 03 41 / 3 01 25 18
E-Mail: info@kf-
personalberatung.de
www.kf-personalberatung.de

New Placement Unternehmens-
beratung
Schauenburgerstr. 15
20095 Hamburg
Tel.: 0 40 / 32 81 08 32
Fax: 0 40 / 32 81 08 14
E-Mail: Info@newplacement.de
www.newplacement.de

Suademus
Krayer & Reudenbach Personal-
berater
Argelanderstr. 14
53115 Bonn
Tel. 02 28 / 22 56 86
Fax: 02 28 / 26 67 69 50
E-Mail: info@suademus.de
www.suademus.de

Krings/von Busse
Mittelstr. 3
50672 Köln
Tel.: 02 21 / 92 58 85-0
Fax: 02 21 / 92 58 85-22
E-Mail: Krings-vonBusse@t-
online.de
www.outplacementpartners.com

Leyh & Partner
Karriere- und Management-Bera-
tung
Tibarg 38
22459 Hamburg
Tel.: 0 40 / 55 44 58-0

Linzer Personal GmbH
Schwaketenstr. 9
78467 Konstanz
Tel.: 0 75 31 / 92 51-0
Fax: 0 75 31 / 92 51-92
E-Mail: info@linzer.de
www.Linzer.de

Best Placement
Ludwig & Partner
Am Lachengraben 7
63303 Dreieich
Tel.: 0 61 03 / 5 71 88-0
Fax: 0 61 03 / 5 71 88-55
E-Mail: info@bestplacement.de
www.bestplacement.de

Pickert, von Rönn & Partner
Unternehmensberatung
Mohlenhof
Burchardstr. 17
20095 Hamburg
Tel.: 0 40 / 32 54 55-3
Fax: 0 40 / 32 54 55-55
E-Mail: Pickert.vonRoenn@pvr.de
www.pvr.de

H.J. Markwardt
Unternehmensberatung Personal &
Management
Am Rennbaum 31
40883 Ratingen
Postfach 10 63 24
40860 Ratingen
Tel.: 0 21 02 / 6 76 22
oder 0 21 02 / 96 36 03
Fax: 0 21 02 / 6 98 90
E-Mail: HJM@markwardt-bera-
tung.de
www.markwardt-beratung.de

Mühlenhoff & Partner
Salierstr. 8
40545 Düsseldorf
Tel.: 02 11 / 5 58 67-60
Fax: 02 11 / 5 58 67-77
E-Mail: info@muehlenhoff.de
www.outplacement.de

M–U–M
Outplacementberatung/Karriere-
management
Arkadenhof 1c
21218 Hittfeld (bei Hamburg)
Tel.: 0 41 05 / 57 05 10
Fax: 0 41 05 / 57 05 20
www.m-u-m.com

NOACK Unternehmensberatung
Berlin
Karsten Noack (Dipl.Ing./Dipl.-
Wirtschaftsingenieur)
Bundesallee 28
10717 Berlin
Tel.: 0 30 / 86 42 13 68
Fax: 0 30 / 86 42 13 73
E-Mail: mail@Karstennoack.de
www.noackunternehmensberatung.de

Dr. Offner Milde & Partner
Weilimdorfer Str. 74
70839 Gerlingen
Tel.: 0 71 56 / 94 77 40
Fax: 0 71 56 / 94 77-422
E-Mail: Dr.Offner.Milde.Partner@
t-online.de
www.outplacementpartners.com

OMC
Ortleb Management Consulting
Europa-Center 13. OG
Tauentzienstr. 9–12
10789 Berlin

Tel.: 0 30 / 25 49 32-43
Fax: 0 30 / 25 49 32-99
E-Mail: ortleb@omc-berlin.de
www.omc-berlin.de

p.i.t. – Organisationsberatung
Beatestr.41
13505 Berlin
Tel.: 0 30 / 43 67 82 22
PM – Gesellschaft für Personal-
beratung und
Managemententwicklung mbH
Marthastr. 16
90482 Nürnberg
Tel.: 09 11 / 54 42 77-0
Fax: 09 11 / 54 42 77-77
E-Mail: info@pm-personalbera-
tung.de
www.pm-personalberatung.de

Riechers Personalberatung
Gerresheimer Landstr. 129
40627 Düsseldorf
Tel.: 02 11 / 9 25 35 11

Von Rundstedt & Partner
Königsallee 70
40212 Düsseldorf
Tel.: 02 11 / 8 3 96-0
Fax: 02 11 / 3 23 94 24
E-Mail: service@rundstedt.de
www.Rundstedt.de

SKP Dr. Stoebe Kern & Partner
Waldstr. 30
22926 Ahrensburg
Tel.: 0 41 02 / 88 54-0
Fax: 0 41 02 / 88 54-54
E-Mail: ham@skp-ag.de
www.skp-ag.de

Steinbach & Partner GmbH
Managementberatung
Tübinger Str. 7
70178 Stuttgart
Tel.: 07 11 / 24 84 78-0
Fax: 07 11 / 24 84 78-20
E-Mail: holding@steinbach-part-
ner.de
www.steinbach-partner.de

Treuconsult Gesellschaft für Unter-
nehmensberatung mbH
Hohenzollernring 25
50672 Köln
Tel.: 02 21 / 92 54 81-0
Fax: 02 21 / 2 57 14 96
E-Mail: info@treuconsult.de
www.treuconsult.de

Werkstatt für Innovation (BDU)
Roland Heß
Hohensteinallee 4
14055 Berlin
Tel.: 0 30 / 3 04 77 32

Dr. Windel & Partner
Gesellschaft für Management- und
Personalberatung mbH
Poststr. 19
53111 Bonn
Tel.: 02 28 / 35 80 55-56
Fax: 02 28 / 35 64 84
E-Mail: buero@dr-windel.de
www.dr-windel.de

Kosten und Dauer

Die Kosten einer Outplacement-Maßnahme sind von vielen Faktoren abhängig: der Form des Outplacements, dem Modus der Auftragsvergabe, der Höhe des Jahreseinkommens des Klienten, dem vereinbarten Leistungspaket, der voraussichtlichen Dauer und den Tages- bzw. Stundensätzen des Beraters. Generell lässt sich sagen: Je höher das Einkommen des Beratenen, desto teurer die Beratungsleistung.

Die Zeitschrift »Personalwirtschaft« führte 1999 eine Umfrage bei 25 Outplacement-Unternehmen durch, um den Markt für potenzielle Auftraggeber transparenter zu machen. Demnach arbeiten drei Viertel der befragten Firmen hauptsächlich im Einzel-Outplacement; nur wenige Anbieter haben sich auf Gruppen-Outplacement spezialisiert.

Die folgenden Angaben beruhen auf den Ergebnissen dieser Umfrage.

Einzel-Outplacement

> Für den Regelfall, dass das Unternehmen Auftraggeber einer Outplacement-Einzelberatung ist, fallen für eine durchschnittlich zwischen drei und fünf Monate dauernde Beratungsleistung rund 15.000 Euro oder zwischen 18 und 24 Prozent des jüngsten Jahresbruttoeinkommens des Klienten an. Manche Outplacement-Anbieter verlangen eine zusätzliche Bürokosten/Verwaltungspauschale zwischen 1.500 und 3.000 Euro. Bei einigen Unternehmen werden Mindestkostenpauschalen zwischen 11.000 und 17.500 Euro angesetzt. Zusätzlich variieren die Mindestbeträge bzw. Tages- oder Wochenhonorare je nach Status des Klienten (Führungskraft oder Tarifmitarbeiter).

Diese pauschal abgerechneten Aufträge beinhalten in der Regel zeitlich nicht begrenzte Beratungen sowie eine befristete Wiederaufnahmegarantie, falls es erneut zu einem Stellenverlust kommt. Wenn das Coaching in der Probezeit mit im Leistungskatalog enthalten ist, kann die Maßnahme auch ein Jahr und länger dauern.

> Bekommt der Outplacement-Kandidat von seinem Unternehmen ein bestimmtes Budget zur Verfügung gestellt, aus dem alle Bewerbungskosten bestritten werden müssen, wird je nach Höhe des Budgets entweder mit dem Unternehmen, das sich der Kandidat in diesem Fall selbst aussuchen kann, eine Pauschale vereinbart oder es werden einzelne Leistungen auf Tages-/Stundenbasis abgerechnet. Die Pauschalen liegen je nach Einkommen zwischen 5- und 15.000 Euro und beziehen sich auf zeitlich unbegrenzte Beratungen innerhalb einer drei- bis sechsmonatigen Frist. Seitens der Outplacement-Unternehmen werden bedarfsabhängige Leistungspakete entwickelt, die auf Zeitbasis abgerechnet werden. Die Tagessätze liegen bei den befragten Unternehmen zwischen 900 und 1.900 Euro.

> Zahlt der Klient die Outplacement-Beratung aus eigener Tasche, spricht man aus Sicht der Beratungsunternehmen von einer Karriereberatung. Dabei können je nach Unternehmen einzelne Stunden oder nur ganze Beratertage gebucht werden. Die Stundensätze liegen zwischen 100 und 250 Euro, die Tagessätze wie oben.

Gruppen-Outplacement

Wesentlich günstiger als die Einzelberatung ist ein Gruppen-Outplacement. Im Gruppen-Outplacement werden die Teilnehmer in Kleingruppen von sechs bis zehn Mitarbeitern zusammengefasst. Der zeitliche Umfang richtet sich nach ihren Bedürfnissen, sollte aber drei ganze oder sechs halbe Tage nicht unterschreiten. Die Kosten betragen 2.000 bis 4.000 Euro pro Mitarbeiter und sind unter anderem auch abhängig vom Auftragsvolumen. Der durchschnittliche Tagessatz für diese Leistung liegt bei 1.750 Euro. Outplacement-Anbieter erstellen in der Regel individuelle Angebote.

Seit 1998 besteht die Möglichkeit, dass das Arbeitsamt sich bis zu 50 Prozent an den Kosten eines Gruppen-Outplacements beteiligt.

Weitere Literatur

> Bengelsdorf, P.: Aufhebungsvertrag und Abfindungsvereinbarungen, München: C.H. Beck 1999.
> Begemann, P.: Probezeit, Frankfurt a.M.: Eichborn Verlag 2000.
> Hesse/Schrader: Arbeitszeugnisse. Frankfurt a.M.: Eichborn Verlag 1999.
> Hesse/Schrader: Das erfolgreiche Vorstellungsgespräch. Wie Sie beeindrucken, überzeugen, gewinnen. Frankfurt a.M.: Eichborn Verlag 1998.
> Hesse/Schrader: Der erfolgreiche Arbeitsplatzwechsel, Frankfurt a.M.: Eichborn Verlag 2000.
> Hesse/Schrader: Die überzeugende Initiativbewerbung. Wie Sie mit Ihren Wunschfirmen gezielt Kontakt aufnehmen, auf sich aufmerksam machen und sich optimal präsentieren. Frankfurt a.M.: Eichborn Verlag 1998.
> Hesse/Schrader: Erfolgsstrategien für Bewerber über 48. Entdecken Sie Ihre Chancen, nutzen Sie Ihre Vorteile! Frankfurt a.M.: Eichborn Verlag 1999.
> Hesse/Schrader: Jobsuchstrategien. Frankfurt a.M.: Eichborn Verlag 1999.
> Hesse/Schrader: Marketing in eigener Sache. Kompetenzen erkennen und gezielt einsetzen. Frankfurt a.M.: Eichborn Verlag 1999.
> Hesse/Schrader: Networking als Bewerbungs- und Karrierestrategie. Beziehungen aufbauen, pflegen und nutzen. Frankfurt a.M.: Eichborn Verlag 1999.
> Hesse/Schrader: Neue Bewerbungsstrategien für Führungskräfte. Den Karrieresprung wagen. Frankfurt a.M.: Eichborn Verlag 2000.

> Hesse/Schrader: Die perfekte Bewerbungsmappe. Frankfurt a.M.: Eichborn Verlag 1999.
> Hesse/Schrader: Die perfekte Bewerbungsmappe für Führungskräfte. Frankfurt a.M.: Eichborn Verlag 2000.
> Hesse/Schrader: Die perfekte Bewerbungsmappe für die Initiativbewerbung. Frankfurt a.M.: Eichborn Verlag 2000.
> Hesse/Schrader: Praxismappe für das perfekte Arbeitszeugnis. Mit ausführlicher Anleitung sowie zahlreichen Textbausteinen und Formulierungshilfen. Frankfurt a.M.: Eichborn Verlag 2000.
> Hesse/Schrader: Telefonieren – der direkte Weg zum neuen Job. Tips, Tricks und Training für die optimale Telefonstrategie. Frankfurt a.M.: Eichborn Verlag 1999.
> Hesse/Schrader: Testtraining Kreativität. Eignungs- und Einstellungstests sicher bestehen. Frankfurt a.M.: Eichborn Verlag 2001.
> Hofert, S.: Don't panic. Online bewerben. Frankfurt a.M.: Eichborn Verlag 2000.
> Kunisch, P.: Personalreduzierung. Aufhebungsvertrag – Kündigung – Sozialplan. Stuttgart: Boorberg Verlag 1998.
> Lehky, M.: Kind und Beruf – so funktioniert es. Frankfurt a.M.: Eichborn Verlag 2000.
> Lekhy, M.: Wenn der Arbeitgeber kündigt. Wie Sie mit der Kündigung umgehen und sich neue Ziele setzen. Frankfurt a.M.: Eichborn Verlag 2001.
> Umfrage in »Personalwirtschaft«, Heft 11/1999, Kriftel, Luchterhand Verlag.
> Rudolph, M.T.: Das KarriereNetzwerk. München: Econ Verlag 2000.
> Schulz/Fritz/Schuppert/Seiwert/Walsh: Outplacement. Personalfreisetzung und Karrierestrategie. Wiesbaden: Gabler Verlag 1989.
> Wrede, B.A.: So finden Sie den richtigen Coach. Frankfurt, New York: Campus 2000.

> Zickendraht, V.: Bewerber gibt es viele, doch nur einen wie mich. München: Econ Verlag 2000.